uttara gita

uttara gita

A Busca e a Conquista da Unidade
e o Caminho para a Libertação Espiritual

– O Cântico Final entre Krishna e Arjuna Sobre a
Compreensão de Brahma e a União com o Todo –

Tradução, Introdução e Comentários de
Lúcia Helena Galvão

Editora
Pensamento
SÃO PAULO

Copyright © 2020 Lúcia Helena Galvão Maya.
Copyright © 2022 da edição da Editora Pensamento-Cultrix Ltda.
1ª edição 2022./2ª reimpressão 2025.

Todos os direitos reservados. Nenhuma parte deste livro pode ser reproduzida ou usada de qualquer forma ou por qualquer meio, eletrônico ou mecânico, inclusive fotocópias, gravações ou sistema de armazenamento em banco de dados, sem permissão por escrito, exceto nos casos de trechos curtos citados em resenhas críticas ou artigos de revista.

A Editora Pensamento não se responsabiliza por eventuais mudanças ocorridas nos endereços convencionais ou eletrônicos citados neste livro.

Editor: Adilson Silva Ramachandra
Gerente editorial: Roseli de S. Ferraz
Preparação de originais: Gilson César Cardoso de Sousa
Gerente de produção editorial: Indiara Faria Kayo
Editoração eletrônica: Ponto Inicial Design Gráfico
Revisão: Luciane Gomide

Dados Internacionais de Catalogação na Publicação (CIP)
(Câmara Brasileira do Livro, SP, Brasil)

Uttara gita : a busca e a conquista da unidade e o introdução e comentários de Lúcia Helena Galvão.
-- 1. ed. -- São Paulo : Editora Pensamento, 2022.

Título original: The Uttara gita

ISBN 978-85-315-2231-4

1. Raja yoga I. Galvão, Lúcia Helena.

22-118217 CDD-181.45

Índices para catálogo sistemático:
1. Raja yoga : Filosofia oriental 181.45
Cibele Maria Dias - Bibliotecária - CRB-8/9427

Direitos para a língua portuguesa adquiridos com exclusividade pela
EDITORA PENSAMENTO-CULTRIX LTDA.
Rua Dr. Mário Vicente, 368 – 04270-000 – São Paulo – SP – Fone: (11) 2066-9000
http://www.editorapensamento.com.br
E-mail: atendimento@editorapensamento.com.br
Foi feito o depósito legal.

A Luís Carlos Marques Fonseca.
Sempre.

Sumário

Apresentação de Elson de Barros Gomes Júnior.......... 9

Prefácio da autora: o Uttara Gita dentro do universo
dos "Gita", e o que são esses textos sagrados................ 13

Introdução: *Uttara Gita* – A Iniciação de Arjuna.......... 17

UTTARA GITA 21

   Primeira Estância... 23

   Segunda Estância... 43

   Terceira Estância... 63

   Uttara Gita: Comentários sobre o texto
   por Lúcia Helena Galvão... 69

      O conhecimento de Brahma e a Unidade............ 69

O conhecimento dos Tattvas e o domínio sobre eles 72

A barca e o desapego 76

Pranava: a devoção libertadora 84

A fricção entre os Aranis e Pranava 89

Tudo no Uno e o Uno em Tudo 92

Conclusão 101

Sugestões de leitura adicional 105

Referências bibliográficas 109

apresentação

Fazer a apresentação de um livro traduzido e comentado pela professora e filósofa Lúcia Helena Galvão é uma honra incomensurável para quem está aqui aos pés do Himalaia, em território indiano, em estado de êxtase e profunda felicidade, lendo essa magnífica obra, o *Uttara Gitta*. Recordando minha infância, quando aprendia com meu avô os cânticos do *Bhagavad Gita* em sânscrito, agora sentindo mais uma canção sagrada em que Krishna ensina Arjuna como compreender Brahma, unindo-se ao todo, já em uma idade adulta e partindo para o fim de uma vida terrestre. Um bálsamo para a compreensão da finitude para a verdadeira liberdade do Moksha em Samadhi.

As ondas sonoras dessa canção entram na alma. Agora traduzida para o português pela filósofa Lúcia Helena Galvão, que admiro e respeito como uma grande mestra, uma Pandit, uma Rishi dos tempos modernos, que sabe descrever a essência da cultura e sabedoria milenar indiana na linguagem ocidental, de uma forma fluida e compreensível para quem quer sentir o sabor dessa cultura.

É um dom sobrenatural a didática para os ensinamentos milenares soprados do Oriente para a compreensão de ocidentais, acostumados a uma linguagem de consumo e de urgência na sobrevivência. Conseguir penetrar muitos mil anos das revelações não deixará a pessoa a mesma de antes dessa leitura.

Grandes mestres, de tempos em tempos, encarnam na Terra para iluminar o coração e a mente dos humanos. Essa luz se irradia como uma brisa soprando as velas que impulsionam o barco da jornada de cada um. Muitas vezes essa luz sopra sem atingir o objetivo por falta de compreensão dos ensinamentos. O grande diferencial da mestra Lúcia Helena é que essa luz que ela sopra com sua encantadora didática atinge a todos independentemente do estágio em que cada um esteja. Obras como o *Ramayana* e o *Mahabharata*, com o Gita inserido, serão melhor absorvidas graças a essa tradução comentada do *Uttara Gita*, em linguagem límpida e compreensível. Auspiciosamente, essa mensagem chega agora ao Brasil.

Uma seta com o farol na encruzilhada do entendimento e sentido de uma vida humana. Assim como Helena Petrovna Blavatsky, Jiddu Krishnamurti e Cecília Meireles, que traduziu *O Gitanjali* de Rabindranath Tagore, a contribuição de Lúcia Helena para a compreensão da sabedoria da mãe Índia para o Ocidente cumpre-se em um Dharma maravilhoso, que é fazer a ponte entre o Oriente e o Ocidente, ligando as necessidades profundas de um buscador que não conseguia entender o que buscava, por estar em uma linguagem complexa e incompreensível pelo tempo.

Em uma ótica que transforma o conhecer em conhecer-se, não como o ego, mas como o TODO, o Atma, e assim vivenciar essa experiência. Na Índia, fala-se que mais vale um grama de prática do que uma tonelada de teoria. O Uttara Gita traz essa compreensão de vivenciar muito além do intelecto, perseguindo a sabedoria real por meio da transcendência da compreensão mental. É como um boneco de sal que entra no oceano e se transforma em oceano, superando as três Gunas no ilimitado e na infinita beatitude. Digo sempre que a mãe Índia é uma matriarca de sabedoria para o universo, e para entender esse poço inesgotável de sabedoria é preciso ter alma de Shákti, alma do feminino criador, conservador e transformador. Superar Tamas, Rajas e Sattva e se fundir no eterno e ainda ensinar com o espírito de aprendiz. Tornar possível ao leitor moderno penetrar nesse impenetrável mundo de Sat-Chit-Ananda, por meio do Uttara Gita, é uma maravilhosa missão para este momento tão carente de verdades transformadoras.

Resta-me agradecer à mestra Lúcia Helena Galvão por cumprir este magnífico Dharma. Om Tat Sat.

– Elson de Barros Gomes Júnior
Cônsul-Geral A.H. da Índia em Minas Gerais

prefácio

O *UTTARA GITA* dentro do universo dos "Gita" e o que são estes textos sagrados

Comentar um clássico sagrado indiano é sempre uma aventura ousada, e nós nos lançaremos a ela nestes comentários à obra chamada *Uttara Gita*, dotados sempre da humildade e lucidez necessárias para um empreendimento desse porte.

Trata-se de uma das obras que relatam um diálogo entre Krishna, oitavo avatar do deus Vishnu, e o príncipe pandava Arjuna, que aqui, diferentemente do *Bhagavad Gita*, surge idoso e interessado em saber como não retornar mais ao mundo após sua morte, que já vislumbra como um horizonte próximo. Em suma, o tema abordado é o da finitude em contraste com a eternidade, busca permanente do ser humano.

Preliminarmente, vamos falar sobre o nome desse clássico e seu significado: *Gita* significa canção, cântico, e *Uttara* significa último; trata-se, então, do último cântico, o canto final. Esse clássico faz parte de uma sequência de obras denominadas *Gita*, que, em geral, são trechos inseridos em obras maiores.

Um exemplo bem conhecido dessa família de cânticos sagrados é o Bhagavad Gita, que integra o *Mahabharata*, o épico por excelência da Índia. Há outros Gita dentro do mesmo *Mahabharata*, como o Anugita, sequência do *Bhagavad Gita*, e outros. Grandes obras indianas, como o outro famoso *Itihasa*, o épico intitulado *Ramayana*, costumam ter o seu ou os seus *Gita*. Contudo, curiosamente, o *Uttara Gita* não faz parte de obra alguma. Trata-se de uma obra independente.

Diz-se que Gaudapada, um grande mestre hindu, no século VI d.C., já comentava o *Uttara Gita*. Portanto, a obra antecede essa data, sendo anterior ao próprio Shankarasharia, grande mestre vedantino. Dessa forma, concluímos que deve ter sido redigido em uma época que tem, como tempo limite, o século V d.C., aproximadamente.

Relembramos que muitas dessas obras são eloquentemente transmitidas pela tradição oral antes de chegar à forma escrita; por isso, talvez tenham uma antiguidade ainda maior. Então, o nome *Uttara Gita* faz referência ao último cântico, dentro da mesma ideia: um diálogo entre Arjuna e Krishna. Ele ocorre no momento em que Arjuna já é maduro, já viveu toda a sua vida; toda a sua experiência no mundo já foi recolhida e ele volta à presença de Krishna com uma pergunta: como poderá ele, ao morrer, livrar-se do processo de reencarnação e unir-se a Brahma, ao grande mistério do Universo, ao Uno.

No entanto, a tradição desses cânticos é muito antiga e continua até os dias de hoje. Na atualidade, sabemos que existem pelo menos 39 Gitas, entre os quais o *Bhagavad Gita*, o *Ashtavakra Gita* e o *Avadhoota Gita* são bastante populares na Índia. Todos esses Gitas fazem parte integrante das escrituras sagradas hindus e foram compostos nos tempos antigos. O mais novo deles, *Nisargadatta Gita*, o quadragésimo Gita, foi composto já no século XXI.

O livro é composto por três estâncias ou capítulos pouco extensos. Trata-se de uma leitura relativamente complexa para quem não está familiarizado com a nomenclatura religiosa hindu, com seus nomes em sânscrito e muitos termos pertencentes à sua tradição. Ainda assim, é uma obra que vale a pena ler e estudar como um instrumento filosófico para vermos a nós mesmos, e à vida, como uma grande jornada de autoconhecimento e contínua transformação espiritual.

De acordo com essa história, enquanto desfrutava da riqueza e do poder de seu reino, Arjuna se apegou ao mundo materialista; mais tarde, porém, à medida que envelhecia, o desapego despertou nele, mostrando-lhe que agora seria liberado imediatamente da Roda de Samsara, o contínuo fluxo de mortes e renascimentos das nossas encarnações. O início e o fim abruptos do texto sugerem que ele talvez tenha sido composto como uma obra auxiliar. Mas também é classificado como texto independente, isto é, um texto não relacionado a qualquer épico ou Purana conhecidos até hoje.

Convido-os, então, para a leitura deste texto fundamental, com toda as reverberações no campo das reflexões e conclusões que ele pode gerar na vida do observador mais atento, entregue a uma leitura meticulosa.

Desejo-lhe uma boa e produtiva leitura.

– Lúcia Helena Galvão, verão de 2022

introdução

UTTARA GITA
– A Iniciação de Arjuna –

Aqui, narra-se as inquietudes do príncipe Arjuna, já maduro, muitos anos após a épica batalha descrita no *Bhagavad Gita*. Sentindo aproximar-se o fim de sua vida, Arjuna submete a Krishna suas dúvidas sobre o ato de morrer, suas intercorrências e como é possível não mais voltar a encarnar neste mundo.

Detalhadamente, Krishna vai explicando desde a mecanicidade da composição e decomposição dos veículos diante da morte até a necessidade de identificação com o Uno que, conquistada em vida, faz com que o retorno a este mundo, com suas ilusões e desejos já extintos, não seja mais necessária.

A leitura anterior do Gita mostra-se importante para estabelecer as bases de compreensão desse peculiar diálogo entre um nobre e um deus, ou entre aquilo que há de mais elevado no humano e o que há de mais plausível no divino, ambos tendo como sede a própria essência do homem.

Meu contato com essa obra ocorreu dentro de um ciclo de pesquisas e leituras de obras relacionadas ao processo da morte segundo antigas tradições; *O Livro Egípcio dos Mortos*[*] (recensão de papiros por E. A. Wallis Budge) e *O Livro Tibetano dos Mortos*[**] (Bardo Thödol) haviam deixado impressões fortes e uma linha geral de pensamento permeada por dúvidas. Nesse sentido, a precisão e a objetividade de conceitos do Uttara Gita foi um apoio imprenscindível.

Na primeira estância, o leitor encontrará um conjunto de práticas e posturas mentais e físicas para que a morte possa provocar a fusão da consciência individual com o Uno. A segunda estância oferece uma visão da "anatomia esotérica" do homem, com todas as energias e canais que, quando o candidato está pronto, podem elevá-lo ao máximo de suas possibilidades; a terceira estância vai reiterar a inutilidade de leituras sagradas e práticas para aquele que não conhece e supera o mundo, com seus apetites e apelos, até se fundir na Realidade Única.

---

[*] São Paulo, Pensamento, 1985 (fora de catálogo).
[**] São Paulo, Pensamento, 2ª edição, 2020.

Trata-se de uma leitura que, como dizemos popularmente, "mostra o caminho das pedras" da evolução humana, desdenhando de todas as ilusões e autoenganos e colocando em foco o essencial: a postura de consciência a ser alcançada. Mais uma joia entre os Gita, esta é uma obra que não deixa seu leitor, se predisposto a tanto, no mesmo ponto consciencial em que encontrou.

– Lúcia Helena Galvão, verão de 2022

uttara gitta

Primeira Estância

Após o resultado vitorioso na Batalha de Kurukshetra, Arjuna envolveu-se no gozo do triunfo, das riquezas, do poder e da glória, esquecendo-se das instruções inestimáveis dadas a ele por Shri Krishna no início da memorável batalha.

Mas, de volta a si mesmo, ele novamente pede a ajuda de Krishna para revelar-lhe os segredos do conhecimento de Brahma.

Arjuna:

1 Dize-me, Ó Keshava, como eu chegarei ao conhecimento daquele Brahma que é Um, sem igual, sem imitações nem atributos, que transcende o Akasha e é a fonte de toda a perfeição?

2 Daquele a quem nenhum argumento demonstra, nem conceito algum evidencia. Do incognoscível e desconhecido, que está absolutamente livre do nascimento e da morte.

Comunica a mim, Ó Keshava, o conhecimento daquele que é absoluto, a única morada da Paz Eterna e da Pureza, a causa instrumental e material do Universo, embora em si sem causa e livre de toda relação.

3 Dá-me, Ó Keshava, o conhecimento daquele que habita no coração de todos os seres e que por si só resume o conhecimento e o objeto conhecido.

KRISHNA:
5 Ó tu, armipotente, joia da fronte da Dinastia Pandu! Ó Arjuna! Vigorosa é a tua mente; agora me perguntas aquilo que é, ao mesmo tempo, o mais sublime e magnífico: o modo de alcançar o conhecimento dos Tattvas sem limites. Ouve, então, cuidadosamente, a minha resposta, Ó Arjuna!

COMENTÁRIO:
Krishna, o Keshava ("de vasta cabeleira"), avatar de Vishnu, prepara-se para dar explicações sobre o Uno e eterno Brahma. Para tal conhecimento, é necessária a apreensão prévia das qualidades daquilo que é ilusório e passageiro, ou seja, a manifestação.

Os Tattvas são os elementos que geram o mundo, seus componentes, e começam pelo Éter (Akasha Tattva), elemento sutil que engloba tudo aquilo que está acima do quaternário e que, em certas ocasiões, é descrito com três subdivisões internas, fazendo com que o número total se eleve a sete. Em seguida, temos o Ar (Vayu Tattva), equivalente ao mundo emocional ou astral do homem; o Fogo (Tejas Tattva), equivalente ao plano mental; a Água (Apas Tattva), o mundo energético ou prânico, onde circula a energia-vida; a Terra (Pritivi Tattva), o corpo físico ou eterofísico, pois envolve substância e forma.

Para buscar o que há além do manifestado, há que conhecê-lo, dominá-lo e superá-lo como condição prévia.

6 Brahma é aquele que, livre de todo o desejo graças à prática continuada do Yoga, permanece no estado de meditação que harmoniza sua própria Pranava com o Paramatma.

7 Dentro dos limites naturais do ser humano, o estado de Paramatma é o conhecimento supremo. Aquilo que apenas permanece como testemunha passiva entre o Paramatma e a porção destrutível do homem é o Akshara Purusha na forma de Atma-Budhi. Quando o conhecedor encontra e vê em si mesmo o Akshara Purusha, fica a salvo de futuras tribulações de nascimento e morte neste mundo.

Comentário:
Brahma, como Deus Cósmico, permanece em contato com o Absoluto não manifestado, Brahman, tal como

o Um se comunica com o Zero primordial e eterno, ou Paramatma. Para isso, coloca sua Pranava, ou seja, a vida total do Universo, em harmonia com aquele por meio de sua meditação, que é absoluta concentração e devoção dirigidas ao Supremo.

Para o homem, há uma ponte entre sua parte mortal e o Supremo, que nos remete à divisão ternária do Akasha Tattva.

Possuímos, além de corpo físico, energético, astral e mental de desejos (Kama-Manas), uma mente superior, pura e altruísta (Manas), um veículo intuicional (Budhi) e um veículo de vontade pura (Atma). A soma de todos esses seria a chamada "constituição setenária", mapa básico de compreensão da realidade humana.

Quando a consciência se eleva até Atma-Budhi (chamado de Akshara Purusha: "imutável Espírito") ainda que por breves instantes, sobrepõe-se a tudo o que é mutável e passageiro; se aí permanecer, não mais necessitará encarnar neste mundo.

8 A palavra Kakin é composta das sílabas Ka+ak+in. A primeira sílaba Ka significa felicidade; a segunda, ak, significa miséria, e a terceira, in, denota posse. Portanto, quem possui felicidade e miséria, ou seja, Jiva, é chamado de Kakin ou Kaki. Além disso, a vogal "a" na sílaba ka significa a manifestação consciente de Mulaprakriti. Assim, quando esse "a" desaparece, apenas K permanece como sinal do grande Uno, indivisível e feliz Brahman.

COMENTÁRIO:
Jiva é vida, dividida ("crucificada") entre um mundo de felicidade (acima, Espírito) e de miséria (abaixo, ilusão da manifestação), "possuindo" um ou outro, conforme para ele se volta. Fora da manifestação, já não há essa divisão e reina a absoluta serenidade daquilo que sempre é.

9 Quem, tanto em movimento quanto em repouso, é capaz de reter em si mesmo o sopro de vida, pode estender a duração de sua existência em mais de mil anos.

COMENTÁRIO:
O Pranavayu, ar ou alento vital, pode ser trabalhado em práticas avançadas de Yoga para fazer com que as disciplinas espirituais se prolonguem na busca da libertação da consciência de tudo o que é passageiro pelo maior tempo possível, antes que a morte interrompa essa busca. Algumas obras, como o *Hatha-Yoga Pradipika*, tratam dessas práticas monásticas.

10 Concebendo assim o manifestado Akasha enquanto objeto de sua própria mente, como um Brahma indiviso, o Atma é então imergido no Akasha e o Akasha em seu próprio ser, unificando o Atma com o Akasha. Desse modo, a mente se afasta de qualquer outra coisa localizada no universo.

COMENTÁRIO:
O Akasha, espaço ou céu luminoso, quando concebido como unidade, pode ser alcançado em um momento de

identificação com nosso Atma, o que mostra ao homem, ainda que de forma fugaz, a ilusão de tudo aquilo que é passageiro e intranscendente.

11 Assim, quem quiser conhecer Brahma, depois de fixar sua mente, como eu já disse, e se fechar para todos os conhecimentos objetivos, deve manter firme o sustentáculo do conhecimento imutável e pensar no Brahma Uno e Indivisível do lado de fora e o de dentro do Akasha, que existe no final do nariz e no qual se submerge o sopro de vida.

COMENTÁRIO:
Trata-se da concentração da respiração durante a meditação na Unidade, condição tida como essencial para que o objetivo pretendido seja alcançado.

12 Livre de ambas as janelas nasais, onde o sopro de vida desaparece, fixa a mente no coração, Ó Partha, e medita no onisciente Ishvara.

13 Pensa em Shiva e considera-o isento de todas as condições de vida; puro, mas sem brilho, sem Mente e sem Buddhi.

COMENTÁRIO:
Partha é a filha de Prita ou Kunti, mãe dos três primeiros príncipes pandavas. Ishvara é o espírito divino no homem, nome também dado a Brahma, Vishnu e Shiva, a Trimurti ou trindade hindu.

Imagine-se Shiva, aquele que medita e concentra-se sem cessar na superior realidade, o supremo Yoguin, desprovido das qualidades da matéria e de laços com ela. Tome-se essa imagem como referência.

14 Os sinais de Samadhi residem na negação de todas as condições de vida e no domínio completo de todo pensamento objetivo.

15 Embora o corpo de quem medita possa estar, de tempos em tempos, um pouco inconstante durante a meditação, ele deve considerar que o Paramatma é inabalável. Tal é o sinal de Samadhi.

COMENTÁRIO:
O Samadhi é o estado de meditação profunda sobre aquilo que transcende o passageiro, o fugaz. O corpo pode oscilar, mas a concentração se mantém na Alma suprema do Universo (Paramatma).

16 Realmente conhece os Vedas quem considera que o Paramatma não tem extensão, ou seja, não é nem curto nem longo em medida, não tem som nem relação com vogais e consoantes; está além da Anusvara, que produz o som nasal, além do Nada, que levanta a voz na garganta, e além dos Kalas, que englobam as diferentes fases do som vocal.

COMENTÁRIO:
Anusvara é o ponto que se coloca sobre uma letra ou sílaba para substituir o *m* ou o *n*, dando-lhe um som

nasal. Nada é som ou voz, mas indicação de pronúncia, muito importante para que a palavra evoque exatamente a potência que lhe corresponde. As chamadas Vedangas ou ciências sagradas, sobretudo as primeiras, que tratam da pronunciação, esclarecem esse assunto.

17 Quem adquiriu o conhecimento supremo com a ajuda do conhecimento prescritivo, quem aprendeu a colocar no coração o objeto de seu conhecimento, quem encontrou tranquilidade na mente, não precisa do Yoga para futuras práticas ou da meditação para mais conceitos.

Comentário:
Dnanum ou conhecimento transmitido por um mestre. Trata-se da superação dos veículos que transmitem o conhecimento por meio da integração de sua essência. O *Uttara Gita* é insistente nesse ponto.

18 A sílaba OM, que está no começo, no meio e no fim dos Vedas, une Prakriti com seu próprio ser; mas o que está além de Prakriti, unido com Pranava, é Mahesvara.

Comentário:
Mahesvara, Grande Deus ou Senhor, é reencontrado após a travessia em que se supera Prakriti, a manifestação.

19 Para atravessar a corrente de um rio, necessita-se de um barco; mas, quando se chega à outra margem, não há mais necessidade do barco.

20 Assim como o lavrador despreza a casca ao lançar o grão à terra, o homem criterioso abre mão do estudo dos livros assim que adquire o conhecimento deles.

21 Assim como a luz é necessária para encontrar um objeto perdido em uma sala escura, mas se torna inútil depois que ele é encontrado, assim também, após se descobrir com a tocha da sabedoria o objeto do Conhecimento Supremo entre as ilusões de Maya que o escondem, o próprio conhecimento se torna desnecessário.

22 Assim como uma pessoa já satisfeita com o néctar não precisa de leite, do mesmo modo os Vedas são dispensáveis para o homem que já conhece a Divindade Suprema.

23 Três vezes feliz é o yogue que saciou sua sede com o néctar do conhecimento. Ele não estará mais sujeito ao Karma e se tornará Conhecedor dos Tattwas.

Comentário:

Trata-se de diferentes formas de enunciar a mesma coisa: os veículos do conhecimento são dispensáveis quando se integra o próprio conhecimento.

24 O verdadeiro significado dos Vedas é compreendido por quem reconhece o inefável Pranava como o incessante som do grande címbalo ou como um contínuo jorro de azeite sem separações nem interrupções.

25 Quem faz de seu próprio Atma um Arani e de Pranava outro Arani, esfregando-os constantemente, logo

vê o fogo produzido pelo atrito de ambos, de modo que o fogo escondido dentro do Arani surge.

COMENTÁRIO:
Pranava ou louvor, equivalente a AUM. Trata-se do louvor que se percebe ao unificar todos os sons da vida e compreender aquilo que a Luz no caminho denomina como Canção da Vida: a voz do universo inteiro louvando o Criador.

O Arani é um pedaço de madeira que, friccionado a outro, produz fogo. Nosso mais elevado veículo, Atma, desperto e sensível ao louvor do Universo, acorda para o sumo-sagrado que é a essência de sua própria natureza.

26 Enquanto o homem não vê dentro de si aquela sublime Forma, mais pura do que a própria pureza e que brilha como luz sem fumaça, ele deve prosseguir em suas meditações com a mente inabalável, fixando seus pensamentos naquela forma.

27 Embora consideremos Jivatma muito distante de Paramatma, ele está, no entanto, muito próximo; e mesmo que tenha um corpo, está sem corpo. O Jivatma em si é puro, onipotente e axiomático.

COMENTÁRIO:
Jivatma significa simultaneamente a única Vida universal e também o espírito divino no homem, individualizado, em comparação com o Espírito Universal ou Paramatma.

Significa que, embora em um corpo, nada há que impeça o espírito humano de se sentir imerso no Espírito Divino em certos momentos de sua vida.

"Uma vez que você tenha experimentado voar, andará pela terra com os olhos voltados para céu, pois lá você esteve e para lá desejará voltar." Essa frase, colocada nos lábios de Leonardo da Vinci pelo roteirista John H. Secondari em um filme, exemplifica um pouco a essência desse ensinamento.

28 Ainda que consideremos o Jivatma no corpo, ele não está no corpo, pois não o afetam quaisquer variações corporais; não participa dos prazeres sensuais nem pode estar sujeito ou condicionado por qualquer coisa que limite o corpo.

29 Como o óleo na semente, a manteiga no queijo, o aroma na flor e o suco na fruta: assim, o Jivatma, que penetra o Universo inteiro, existe também no corpo. Qual fogo escondido nas entranhas da lasca de madeira, qual ar inteiramente difundido pelo ilimitado Akasha, assim o Atma, o habitante das cavernas de Manu, invisível e não vislumbrável, torna-se seu próprio manifestador e difunde-se através do Akasha do coração humano.

COMENTÁRIO:

Manu, o Grande Legislador, cujo nome vem da raiz sânscrita MAN, pensar, é um ser quase divino, progenitor da humanidade. As cavernas de Manu aqui citadas são o mundo da manifestação ilusória, o reino de Maya, a grande ilusão. O Jivatma, Vida individualizada, escondido em todo receptáculo material, inclusive no coração humano, difunde-se, irradia, manifesta sua voz aos ouvidos humanos, quando desperta.

30 Embora o Jivatma habite o coração, ele tem sua residência na mente, e, embora habite o coração, carece por si próprio de mente. O yogue que, com ajuda da própria mente, vê assim o Atma em seu próprio coração, avançando por degraus, torna-se ele mesmo um Siddha.

Comentário:
A mente é uma ferramenta necessária para distinguir o que é real do que é irreal. O Jivatma necessita utilizar seu Manas como ferramenta para fazer essa distinção fundamental. Ao fazê-lo, o yogue adquire poderes fenomenais (Siddhis) que o auxiliam em seu avanço. Trata-se de saber manejar a mente, como diz o filósofo estoico Epiteto: "Proteja sua razão e ela protegerá você".

31 Samadhi é aquele que é capaz de livrar a mente de todo apoio e uni-la com o Akasha para conhecer o imutável.

32 Apesar de viver no ar, quem diariamente pratica Samadhi para alcançar a felicidade com a bebida de néctar de yoga torna-se capaz de destruir o destruidor.

33 Samadhi é aquele que, ao contemplar o Atma, não vê nada acima, nada abaixo, nada ao redor e nada no meio.

34 O yogue que assim realiza a nadidade do Atma, está livre de toda virtude e vício.

Comentário:
A bebida do néctar do Yoga é a união espiritual, a experiência da Unidade. Destrói a separatividade e suas ilusões.

Arjuna:
35 Dize-me, Ó Keshava, como podem os yogues meditar em Brahma sem cor nem forma, uma vez que a mente é incapaz de pensar sobre o que nunca viu? Além disso, o que ela pode ver é material e, portanto, sujeito à transformação.

Krishna:
36 O Atma todo pleno é aquilo que está todo acima, todo abaixo, todo ao redor e todo no meio. Quem assim contempla o Atma é Samadhi.

Comentário:
Trata-se de algo semelhante à expressão "ver a Deus em todas as coisas".

Arjuna:
37 Dize-me, ó Keshava, como o yogue pratica a meditação, já que o Samalambha que acabas de descrever para mim é irreal e o Niralambha significa nadidade?

COMENTÁRIO:
Samalambha: o Todo pleno. Sama é quietude e domínio, e Lambha é vastidão. Essa quietude é irreal para a mente. Niralambha é sem apoio ou sustentação no mundo ilusório, sustentado por si mesmo. Toda prática consiste em preparar-se para esse "salto" em que, sem se apoiar em nada do mundo material, a consciência humana encontra assento na única realidade, Una e eterna.

KRISHNA:
38 Quem, depois de purificar a mente, contempla o Puro Paramatma e olha para o interior de seu próprio ser como o vasto e indiviso conjunto do universo manifestado torna-se feliz pelo conhecimento de Brahma.

ARJUNA:
39 Todas as letras têm som prosódico curto ou longo, e são unidas pelo nexo de composição que, quando quebrado, submerge-se no Som; mas onde o próprio Som se submerge?

COMENTÁRIO:
Todo som, todo ruído, toda forma e cor, todos os atributos do Universo se dissolvem no atributo original, o Akasha Tattva ou éter. E onde este se dissolve quando tudo é reabsorvido? Krishna responde a seguir.

KRISHNA:
40 A luz existe na vibração do som incessante, e Manas, nessa luz. O Espaço onde Manas desaparece é o Pé Supremo de Vishnu.

41 Pé Supremo de Vishnu é aquele Espaço onde o Som de Pranava desaparece, elevado ao topo pelo Ar da Vida, com anseio pelo incognoscível.

COMENTÁRIO:
"E, no princípio, era o Verbo." Essa vibração original, luminosa, é de onde parte a Mente cósmica, Mahat, o Manas do universo. Considere-se Vishnu, segundo Logos da Trimurti, senhor da manutenção da vida manifestada, como tendo um "pé" (base de sustentação) inferior no reino da mente e um pé ou base superior, que se sustenta, no topo, pela visão do Uno eterno e imperecível. Nessa dimensão, desaparecem os atributos do Universo para só restar a Unidade.

ARJUNA:
42 Dize-me, Ó Keshava! Quando o Hálito Vital deixa este corpo de cinco elementos e a substância mesma volta para eles, aonde vão as virtudes e vícios do homem e a quem acompanham?

KRISHNA:
43 O destino resultante da virtude e do vício, a Essência dos cinco Bhutas, o Manas inferior, os cinco sentidos e os

gênios reguladores dos cinco órgãos do Karma: tudo isso, em razão da personalidade da mente, acompanha Jiva enquanto ele permanece na ignorância dos Tattwas.

Comentário:

Bhutas ou "fantasmas" são os cinco elementos referentes aos tattvas, de que já falamos: Akasha (éter), Vayu (ar), Agni (fogo), Apas (água) e Pritivi (terra). O Manas inferior é Kama-Manas, mente de desejos. Os cinco órgãos do Karma, regidos por Rajas, a força ou Guna impulsiva do universo (as demais são Tamas, passividade, e Sattwa, equilíbrio) são chamados de cinco poderes de ação, ou Karma-Indryas (olhos, ouvidos, mãos, pés, língua). O destino resultante da virtude e do vício é o Karma acumulado. Tudo isso fica atrelado àquele que, em vida, não dominou os Tattvas nem atingiu a percepção da Unidade, e continua a acompanhá-lo.

Arjuna:

44 Ó Krishna! O Jiva no estado de Samadhi deixa todos os objetos do mundo, tanto móveis quanto imóveis; porém, o que o Jiva deixa para tornar-se Jivalidade?

Krishna:

45 O Pranavayu sempre passa entre a boca e as janelas nasais; o Akasha absorve o Prana e, uma vez que o Prana

é absorvido, o Jiva não aparece novamente como Jiva nas trincheiras deste mundo.

COMENTÁRIO:

O Jiva, dominados os Tattvas, deixa apenas a ilusão da separatividade para perceber-se como o Todo. O Akasha reintegra o Prana que estava separado em si. Assim, o Jiva não volta a encarnar neste mundo de ilusões.

ARJUNA:

46 O Akasha, que penetra em todo o universo, também circunda este mundo objetivo e, portanto, está dentro e fora de todas as coisas. Dize-me então agora, Ó Krishna, o que há além do Akasha?

KRISHNA:

47 Ó Arjuna! O Akasha também é chamado de Shunya, porque expressa o vazio ou a falta de tudo. O Akasha tem a qualidade do Som; entretanto, quem lhe dá essa qualidade de produzir Som, bem como o vazio de não o produzir, é o desconhecido e incognoscível Brahma.

48 Dentro de si próprios, os yogues veem o Atma quando fecham todos os sentidos externos e, ao deixarem o corpo, seu Buddhi morre; quando seu Buddhi morre, a ignorância desaparece e o yogue atinge o estado espiritual.

COMENTÁRIO:
Shunya significa vazio. Brahma dá a vibração sonora a esse vazio, assim como dá o silêncio. É o que há dentro e à volta do Akasha. Budhi, veículo intuicional, é visão direta que traz discernimento (Viveka). Na unidade, não há nada para discernir; então, esse veículo também é abandonado quando se atravessa o rio da ignorância.

ARJUNA:
49 Notório é que, através dos dentes, lábios, palato e garganta, as letras são pronunciadas. Então, como é possível chamar de indestrutíveis as letras, quando sua destrutibilidade se manifesta em sua verdadeira aparência?

KRISHNA:
50 Chama-se indestrutível à letra que por si só se pronuncia, ou seja, sem qualquer esforço de pronúncia; aquela que, não sendo vogal ou consoante, transcende as oito modalidades prosódicas, não está sujeita a sotaque algum, longo ou curto, e carece inteiramente de Ushma Varnas.

COMENTÁRIO:
Segundo a tradição indiana, o som é eterno, independente dos símbolos que o representam ou tentam aprisionar; o símbolo cessa, mas o som não. É indestrutível e

pronuncia-se a si próprio; algo como a "música das esferas" sugerida por Pitágoras.

As quatro letras do alfabeto sânscrito: Sha, Kha, Sa e Ha são chamadas de Ushma por causa de sua pronúncia, que é principalmente subordinada à ajuda de Vayu, ar ou respiração. Ushma Varnas são os modos ou qualidades dessas letras. Faltar Ushma significa, portanto, que um som não está sujeito ao ar ou à respiração. É como uma essência que já não precisa de corpo.

ARJUNA:
51 Dize-me, Ó Krishna, como, pelo fechamento de seus sentidos externos e pelo conhecimento de Brahma, que permanece oculto em toda matéria e substância, podem os yogues canalizar o Nirvana Mukti?

KRISHNA:
52 Os yogues veem o Atma dentro deles quando, hermeticamente, fecham todos os seus sentidos externos. Pois, ao deixar dessa forma o corpo, o Buddhi morre e, com a morte de Buddhi, também desaparece a ignorância.

COMENTÁRIO:
Nirvana Mukti ou Moksha é a total liberação da vida sensitiva, com seus sofrimentos. Os libertos da última ponte para o mundo ilusório, Buddhi, voltam à sua natureza divina.

53 Enquanto o homem não conhece os Tattwas, é necessário que pratique a concentração da mente por meio do fechamento hermético dos sentidos externos; mas, depois que alcança o conhecimento completo dos Tattwas, ele se identifica com a Alma Universal.

54 Dos nove portões do corpo, sempre fluem as águas do conhecimento. Portanto, ninguém poderá conhecer Brahma se não se tornar tão puro quanto o próprio Brahma.

55 O próprio corpo é extremamente impuro, porém aquele que recebe o corpo é a própria pureza. Aquele que sabe a diferença entre a verdadeira natureza dos dois nunca é perturbado por dúvidas sobre a pureza; pois sobre que pureza poderia indagar mais tarde?

Comentário:

As nove portas do corpo são olhos, ouvidos, narinas, boca, ânus e sexo; por meio delas, relacionamo-nos com o mundo ilusório. É necessário controlá-las para que não gerem Karma e a pureza seja conquistada.

O habitante do corpo, a consciência humana aí presente, deve saber distinguir entre o impuro, aquilo que nasce da ilusão e com ela se mistura, e a experiência da Unidade, pureza absoluta que surge nele.

Segunda Estância

Arjuna:

1 Dize-me, Ó Keshava, qual é a prova de que aquele que reconhece Brahma como o onipresente e onisciente Parameshvara acredita ser um com Ele?

Comentário:

Paramezvara ou Parameza é o Senhor Supremo, tratamento aplicado sobretudo a Vishnu.

Krishna:

2 Como água com água, leite com leite e manteiga com manteiga, assim o Jivatma e o Paramatma se unem sem distinção ou diferença.

3 Aquele que, com atenção total, tenta unir o Jivatma e o Paramatma, como é prescrito nas Shastras, verá, no devido tempo, a onidifusa e universal luz.

4 Quando, por aquisição de conhecimento, o conhecedor torna-se o próprio objeto de conhecimento, ele se liberta de toda amarra em virtude de tal conhecimento e não precisa mais da prática de Yoga ou de meditação.

5 Aquele em quem a luz do conhecimento sempre brilha repousa seu Buddhi constantemente em Brahma e, com o fogo da suprema sabedoria, é capaz de queimar as ligaduras do Karma.

6 Assim, o conhecedor do Tattwas, por meio da realização do Paramatma, que é uno e puro como o imaculado Akasha, vive no Paramatma livre de atributos, da mesma forma com que as águas penetram nas águas.

Comentário:
Reiteração do tema da fusão do Eu divino individual com o Divino Universal. Conhecer de fato é integrar o conhecimento como parte de si próprio. Tal conhecimento integrado redime o Karma e supera a necessidade de qualquer novo estudo ou prática.

7 O Atma é Sukshuma como o Akasha e, portanto, os olhos não podem vê-lo; tampouco o Atma interior, que é como o sopro; mas quem conseguiu fixar seu Atma interior por meio do Niralambha Samadhi e aprendeu a dirigir para dentro do seu ser a corrente dos sentidos externos, esse é capaz de conhecer a unidade de Atma e Antaratma.

Comentário:
O Atma é tão sutil e invisível quanto o Akasha. O Niralambha (apoiado só em si próprio) Samadhi é o estado de fixação do contato com Atma, que permite relacioná-lo com o Antaratman, que é o Eu interno, a alma, o coração. Trata-se da tomada de consciência do veículo mais sutil de que é constituído o homem.

8 Onde quer que ocorra a morte de um Dnanin e qualquer que seja o seu tipo de morte, assim como o Akasha de um vaso se junta ao Akasha universal quando o vaso é quebrado, não importa quando e como ele é quebrado, assim acontece com o Dnanin.

Comentário:
Começa-se a explicar o processo da morte de um Dnanin, o sábio, o desperto.

9 Reconhece por meio da Annaya e da Vatireka que o Atma que penetra todo o corpo transcende os três estados de consciência: vigília, sonho e sono profundo.

Comentário:
Annaya é um estado de consciência acima do material, onde se percebe o Atma que há em todas as coisas; algo semelhante a "ver Deus em todas as coisas". Vatireka é exatamante a ignorância da consciência presa à matéria que não percebe o Atma; reconhecer essa ignorância é o primeiro passo para superá-la.

Os três estados descritos, vigília, sonho e sono profundo, chamados de Avastha-Traya, ainda são um empecilho para a percepção de Atma, percepção que desperta em Turya Avasta, o quarto estado, próximo a Samadhi. Trata-se de uma conquista feita em Taraka-Raja-Yoga, a mais avançada das práticas de Yoga, e constitui uma elevada consciência espiritual.

10 Quem foi capaz de pousar por um instante seu pensamento em um simples ponto é libertado da culpa de seus múltiplos nascimentos passados.

Comentário:
Trata-se da experiência da Unidade, que, quando verdadeira, relativiza todos os desejos, ambições e enganos deste mundo ilusório. Como no famoso mito platônico da caverna, quem olhou para trás ainda que apenas por um instante e viu os objetos e a luz que provocam as sombras, não voltará a crer nessas sombras como realidade única e desejável, pois agora conhece o mecanismo e como ele funciona. Quem viu, viu, e já não pode ignorar essa visão, por mais que o queira ou tente. E nada é mais eficaz para superar o Karma dos desejos imoderados do que percebermos que aquilo que desejamos simplesmente não existe. O Karma é educativo, não punitivo; se já entendemos, ele já cumpriu seu propósito.

11 Pelo lado direito, estende-se o Pingala Nadi, brilhante e refulgente como o Sol. Esse produto da virtude é chamado de veículo dos Devas.

12 Pelo lado esquerdo, estende-se o Ida Nadi, cujo brilho muito menor é como o da Lua. Reside no ar da narina esquerda e é chamado de veículo dos Pitris.

13 Como a coluna de uma harpa, da espinha dorsal à cabeça do ser humano, estende-se a longa sequência de ossos com várias articulações chamada de Meru-Danda.

14 Do Muladhara até a cabeça, a espinha dorsal é atravessada por um buraco estreito pelo qual passa um Nadi chamado pelos yogues de Sushumna ou Brahma Nadi.

Comentário:
Pingala Nadi é um canal que vai da sola do pé direito ao topo da cabeça, onde está o Sahasrarara ou cérebro. Da sola do pé esquerdo até o alto da cabeça, corre o canal Ida Nadi; Meru-danda é o nome dado à espinha dorsal.

Muladhara é um chakra ou roda de energia situado na base da espinha; dele, parte um terceiro canal, este central, que ascende entre Ida e Pingala, chamado Sushumna. O esquema assemelha-se ao Caduceu de Mercúrio, com as duas serpentes laterais e o bastão central.

Daqui até o Sloka 33, o *Uttara Gita* desenvolve uma síntese complexa de anatomia esotérica, que procuraremos esclarecer da melhor forma possível.

15 Sushumna é um nervo delicado que passa entre Ida e Pingala. A partir do Sushumna, nascem todos os nervos sensoriais e, por isso, ele é chamado de nervo do conhecimento.

COMENTÁRIO:
Não se trata propriamente de um nervo, como já explicamos, mas de um canal de energias. D. K. Laheri assim o define: "Dnana Nadi (canal do conhecimento). Esse nervo começa a partir do chakra Sahasrara (alto da cabeça) e desce gradualmente, afinando-se, ao longo da coluna dentro dele. Em seu início, nascem nove conjuntos de pequenos nervos que se estendem para os olhos e outros órgãos de sensação. De cada vértebra da espinha dorsal, onde, de ambos os lados, se inserem os pares de costelas e por baixo delas, estendem-se trinta e dois conjuntos de nervos com inúmeras ramificações que cobrem todo o corpo como uma rede e servem para a sensação de toque e outras ações exigidas pelo funcionamento do corpo físico. Esses nervos são tão sutis que, reunindo-se quatrocentos deles, não seria possível percebê-los a olho nu; mas, apesar de sua tenuidade, eles são perfurados como tubos ocos, preenchidos por uma substância oleosa na qual Chaitanya (inteligência, mente, pensamento) foi refletida. Por essa razão, os sábios o chamaram de nervo medular de conhecimento, do qual partem todos os ramos nervosos, e o representaram como uma árvore invertida, cujos inúmeros ramos cobrem todo o corpo, com a raiz para cima (no cérebro ou Sahasrara) e os galhos para baixo".

16 O Sol, a Lua e os outros Devatas, as quatorze moradas, os dez pontos cardeais, os lugares sagrados, os sete oceanos,

o Himalaia e as outras montanhas, as sete ilhas, os sete rios sagrados, os quatro Vedas, todas as filosofias sagradas, as dezesseis vogais e 24 consoantes, o mantra Gayatri e outros hinos sagrados, os dezoito Puranas e todos os Upa-Puranas, as três Qualidades, o próprio Mahat, a raiz de todos os Jivas, o Jiva e seu Atma, as dez respirações, o mundo inteiro, em suma, todas essas coisas reunidas existem no Sushumna.

COMENTÁRIO:
Basicamente, todas as realidades a serem conhecidas estão refletidas aí, nesse microcosmo ou canal do conhecimento por meio do qual fazemos contato inteligente com toda a manifestação. Segundo D. K. Laheri: "Os Rishis chamavam o microcosmo de corpo humano, pois todos os objetos externos que os sentidos percebem são refletidos na medula espinhal. Por exemplo, quando vemos o Sol, a Lua e as estrelas, não podemos nos aproximar deles para vê-los e ainda assim os vemos porque eles se refletem em nossa medula. Se a mente tem a capacidade de se separar do corpo para ver uma estrela, então ela também é capaz de ver cada uma das coisas que acontecem na Via Láctea. Nesse caso, é possível saber tudo o que acontece não só no globo terrestre, mas até mesmo em todo o universo".

17 No entanto, do Sushumna, que é o recipiente da alma interior de todas os Jivas, brotam vários nervos, espalhando-se em todas as direções pelo corpo físico; por isso, é

considerado uma frondosa árvore invertida. Só quem conhece os Tattvas é capaz de subir pelos galhos dessa árvore, com a ajuda do Pranavayu.

18 No corpo humano, há 72 mil nervos com espaço suficiente para que vayu penetre através deles. Apenas os yogues, em virtude de seu Karma Yoga, chegam a conhecer a verdadeira natureza desses nervos.

Comentário:
Os "nervos" citados são plexos no corpo físico e chakras no plano sutil. O domínio dos Tattvas, ou seja, o conhecimento e domínio dos planos da natureza manifestada, permite que a corrente de vida (Prana Vayu) flua por esse canal ou Nadi, buscando despertar o chakra Sahasrara, no alto da cabeça. Sem esse domínio, tal coisa não deve ser sequer tentada; aqui, um básico conhecimento sobre os chakras se faz necessário para facilitar a compreensão do que é dito.

A prática bem-sucedida do Karma Yoga, da ação perfeita, permite aos yogues, num determinado e glorioso momento, liberarem suas energias para ascenderem por esse canal.

19 Hermeticamente fechadas as nove portas do corpo e conhecidas a origem e a natureza dos nervos que, em cima e embaixo, se estendem aos órgãos dos sentidos, o Jiya sobe ao estado de conhecimento superior com a ajuda do Sopro Vital e atinge o Moksha.

COMENTÁRIO:

As nove portas, como já o dissemos, são os olhos, ouvidos, narinas, boca, sexo e ânus. Por essas portas, vêm os conteúdos que povoam a mente humana e influenciam sua ação. Com a ajuda do sopro vital, que é Prana, a própria vida, o homem pode atingir Moksha, a libertação.

20 À esquerda de Sushumna, perto da ponta do nariz, está o Indra Loka chamado Amavarati. As esferas luminosas que brilham nos olhos são chamadas de Agni-Loka.

COMENTÁRIOS:

Começam-se a descrever os Lokas ou lugares do corpo com propriedades especiais, capazes de serem ativadas pela concentração especializada desenvolvida nas práticas avançadas de Yoga. Segundo D. K. Laheri:

"Dos nove conjuntos nervosos que emanam do Sushumma, um deles se estende ao órgão da visão, mas forma um círculo antes de se ramificar em ambos os olhos. Esse círculo é o Agni-Loka.

Da mesma forma, o segundo conjunto de nervos forma outro círculo antes de chegar ao círculo pituitário e é chamado Amaravati, ou seja, a capital do reino de Indra".

21 Perto da orelha direita está o Yama-Loka, chamado Sam-Yamani, e, próximo a ele, a esfera de Nairrita-Deva, conhecida pelo nome de Nairrita-Loka.

22 A oeste do Sushumna e localizada nas costas está a esfera de Varuna, chamada Vi-bha-vari. Ao lado das orelhas, a esfera é conhecida pelo nome de Gandhavati e é o lugar de Vayu.

Comentário:
Yama-Loka significa o lugar do deus da morte; trata-se de uma zona bastante sensível próximo à orelha direita. Segundo D. K. Laheri, ao lado do ponto do Yama-Loka, há um lugar cujos nervos presidem a mastigação de iguarias duras; seu nome é Nairrita, demônio, talvez devido a essa força destruidora.

Segue o comentário de D. K. Laheri: "Há um lugar nas costas de um homem em que o povo comum da Índia toca com os dedos molhados ao praticar as cerimônias prescritas para a cura dos paralíticos. Esse lugar se chama Vi-bha-vari, porque os nervos são tão sensíveis ali que, quando uma pessoa concentra sua atenção nesse ponto, ela se embriaga de Maya e adormece. A palavra Vi-bha-vari significa noite escura.

Da mesma forma, o local perto das orelhas de onde o ar extrai perfumes é chamado Gandhawati e significa lugar de olfato. O lugar que impele o ar para levar perfumes até as janelas nasais é chamado Vayu-Loka".

23 Acima do Sushumna, está o Chandra-Loka, que se estende da garganta até a orelha esquerda (na esfera de Kubera), chamado Pushpavati.

24 No olho esquerdo e na direção de Ishnaya, está o Shiva-Loka, conhecido pelo nome de Manomani. O Brahmapuri que está na cabeça deve ser considerado o microcosmo no corpo humano, pois é raiz e origem do Nervo do Conhecimento, Sushumna, também chamado, por essa razão, de Manomaya-Jagat, ou mundo da mente.

COMENTÁRIO:
Chandra é Lua; faz-se referência, aqui, ao chakra Vishuda, laríngeo, branco e arredondado como a Lua. D. K. Laheri acrescenta que Kubera é o deus do Hades e da riqueza, como o Plutão greco-romano; sua residência é chamada Pushpavati, que significa lugar de flores douradas. A relação provável é com a riqueza da palavra, da voz que esse chakra guarda.

Ishnaya significa atividade, movimento; o Shiva-Loka é o local onde se encontra o chakra Ajna, ligado à visão. O Manomaya-Jagat, mundo da mente, Brahmapura ou cidade de Brahma, situada no alto do monte Meru, é o ponto, no alto da cabeça, onde nasce o Nadi sensorial Sushumna.

25 Como o terrível fogo na época de Pralaya, o eterno habita as plantas dos pés. O mesmo todo-puro, eterno, instila alegria acima, abaixo, no meio e fora do corpo.

COMENTÁRIO:
Pralaya ou Noite de Brahma é quando cessa toda atividade fenomenal; é como dizer que há uma parte do corpo

humano (planta dos pés e adjacências) onde habitam centros de energia de ciclos passados e superados.

Abaixo do chakra Muladhara, na base da coluna, existem os Talas ou submundos do corpo humano, que vão da sola dos pés até as coxas. Estão relacionados a experiências vividas em tempos anteriores ao ciclo humano em que vivemos, quando ainda éramos animais. Seu despertar no discípulo despreparado é perigoso.

Diz D. K. Laheri sobre esse Sloka: "Quando o homem habita o Sushumna e bebe o néctar da felicidade, instantaneamente todos os obstáculos que podem ter surgido em cima, embaixo ou no meio de seu corpo desaparecem e logo seu pensamento pousa sobre o eterno morador das solas de seus pés, ou seja, a corrente magnética que age sobre as extremidades do corpo humano". Em suma, o domínio de Sushumna integra todos esses centros do passado.

26 A parte inferior ou sola do pé é chamada de Atala. A parte superior ou dorso é chamada de Vitala. A articulação da perna com o pé é chamada de Nitala (tornozelo) e o Jangha (joelho) é chamado de Sutala.

27 A parte inferior da coxa é chamada de Mahatala; a superior, Rasatala, e a média, Talatala. É assim que os sete Patalas do corpo humano são conhecidos.

28 O Patala onde as serpentes vivem enroladas sob o umbigo é o local conhecido pelo nome de Bhogindra. Esse lugar, terrível como o dia do Julgamento Final e como o

Inferno ardente, também é chamado de Mahapatala. O eternamente chamado Jiva se manifesta nessa esfera em uma arena serpentina semelhante a um círculo.

COMENTÁRIO:
Bhogindra é a serpente de Indra, Ananta. Trata-se aqui de um símbolo da energia ou fogo serpentino Kundalini, que dorme no chakra Muladhara, na base da coluna. Quando o homem atinge absoluta pureza e domínio, ele pode ascender por Sushumna, despertando todos os chakras em sua passagem, chegando a Sahasrara, no alto da cabeça, e provocando a união de Atma com Paramatma. Despertá-lo sem que esse canal esteja desobstruído é um risco altíssimo, contra o qual sempre se adverte o discípulo. Daí o seu assento, Mahapatala, ser um lugar terrível e perigoso como o Inferno.

29 O Bhur-Loka está no umbigo; o Bhuvar, na axila, e o Svarga-Loka, com o Sol, a Lua e as estrelas, no coração.

30 Os yogues alcançam a felicidade perfeita quando concebem, como moradores do coração, os sete Lokas: Sol, Lua, Marte, Mercúrio, Júpiter, Vênus, Saturno e inúmeros outros Lokas, como o Dhruva.

COMENTÁRIO:
Svarga-Loka é o local onde se situa o chakra Anahata, ou cardíaco. Segundo D. K. Laheri, no Bhuvar-Loka está um

grande centro nervoso e magnético que preside os movimentos do braço.

Dhruva é a Estrela Polar. O chakra do coração coincide com o Vayu Tattva, sede dos sentimentos e do mundo emocional ou astral. A expressão parece indicar o despertar de todas as potências do Universo dentro do coração humano, englobadas por seus sentimentos; essa seria a felicidade perfeita.

31 No coração daquele que o concebe, está o Maha-Loka. O Jana-Loka está na garganta; o Tapas-Loka, entre as sobrancelhas; e, na cabeça, está o Sattwa-Loka.

COMENTÁRIO:
Mahaloka corresponde ao chakra Anahata; Tapas-Loka é Ajna; Jana-Loka é Vishuda, e Sattwa-Loka é Sahasrara.

32 Esse Brahmand (ovo de Brahma) modelado com a Terra, dissolve-se na Água; a Água é secada pelo Fogo; o Fogo é devorado pelo Ar; e o Ar é absorvido, por sua vez, pelo Akasha.

COMENTÁRIO:
A expressão parece sugerir o processo de emanação dos elementos sutis uns dos outros até chegar aos mais densos, como explicado por Shankara na obra *Panchikaranam*. Mostra como a matéria veio à existência originando-se dos cinco elementos sutis primordiais. Nessa descrição do *Uttara Gita*, mostra-se o caminho contrário: o denso sendo

reabsorvido pelo sutil, até voltar tudo ao Akasha, o mais sutil dos Tattvas.

33 Mas o próprio Akasha é assimilado à mente; a mente, ao Buddhi; o Buddhi, ao Ahankara; o Ahankara, ao Chittam, e o Chittam, ao Atma, conhecedor dos planos.

COMENTÁRIO:
Parece se tratar do mesmo assunto abordado no Sloka anterior, mas aqui ocorrendo nos veículos humanos. Ahankara é o conceito do eu separado; Chittam é inteligência, percepção, matéria mental. É o caminho de reabsorção rumo ao Atma.

Segundo D. K. Laheri: "O Ahankara significa aqui a consciência pessoal, o Mahat ou o Terceiro Logos, que corresponde à Mente nos princípios constitutivos do homem. Chittam significa consciência abstrata, o Segundo Logos que corresponde a Buddhi na constituição humana. Atma, o conhecedor dos planos (Kshetra-dna), significa o Espírito ou Primeiro Logos, que corresponde ao Atma dos princípios humanos, de acordo com a teosofia exotérica. Nessa passagem, Kama-Manas deve ser compreendido por mente; Buddhi, pela faculdade de discernir a verdade.

De acordo com a definição dada por Sankara em sua *Viveka Chudamani*, a Mente, o Buddhi, o Ahankara e o Chitta são os quatro apoios de Antahkarana [travessia do eu inferior e para o superior]. A dúvida é uma qualidade da Mente; a certeza é Buddhi; Chitta retém ou preserva; e Ahankara expressa consciência pessoal ou egoísmo",

34 Os yogues que me contemplam pensando "Eu sou Ele" estão livres das culpas acumuladas por cem milhões de Kalpas.

35 Assim como o Akasha de um vaso é absorvido no Mahakasha quando o vaso se quebra, assim a ignorância limitante de Jivatma é absorvida no Paramatma quando a ignorância (Avydia) desaparece.

COMENTÁRIO:
Um Kalpa representa um dia e uma noite de Brahma, algo como 4.320 milhões de anos. A expressão superlativa de tempo quer demonstrar que todo Karma acumulado em todo o tempo já existente se extingue na fusão de Atma com Paramatma.

36 Quem foi capaz de adquirir o conhecimento dos Tattwas; aquele cujo Jivatma foi absorvido no Paramatma assim como o Akasha do vaso quebrado o foi no Mahakasha, é, sem dúvida, livre das cadeias da ignorância e sobe para a esfera da Luz do conhecimento supremo e da sabedoria suprema.

37 Se um homem se entregasse por mil anos ao ascetismo e à austeridade rigorosa, permanecendo equilibrado em uma só perna, ele não poderia perceber nem mesmo a décima sexta parte do benefício que poderia alcançar com a meditação.

38 Aqueles que incessantemente cantam os quatro Vedas e leem outros livros sagrados, mas fracassam na realização do "Eu sou Brahma", assemelham-se às conchas usadas no guisado, que não provam a comida que preparam.

39 Do mesmo modo que um asno carrega cepas de sândalo sentindo apenas o peso da carga e não o perfume da madeira, aqueles que leem rotineiramente os Shastras não entendem seu significado real e, na mente deles carregam-no como bestas de carga.

40 Enquanto não adquirir o conhecimento dos Tattwas, o homem não será capaz de praticar escrupulosamente boas obras ou sacrifícios religiosos; também não preservará a austeridade do corpo e a pureza da mente nem obterá a experiência e a sabedoria na peregrinação aos lugares sagrados.

COMENTÁRIO:
Um Shastra é um texto sagrado. Essa série de Slokas reitera o fato de que nem sacrifícios nem leituras de obras sagradas adiantam se o homem não conhece os Tattwas e alcança a identificação com o Absoluto, único objetivo válido.

41 O brâhmane que, quando o corpo balança para a frente e para trás, hesita em acreditar que é Brahma, não entenderá o grande Atma sutil, mesmo que ele seja versado nos quatro Vedas.

Comentário:

Todos os acidentes e circunstâncias externas e internas que afetam o corpo não deveriam afetar em nada a firme convicção do discípulo de que ele é Brahma. Senão, seus estudos serão estéreis e incapazes de produzir o bom fruto.

D. K. Laheri comenta: "Esse versículo deve ser interpretado com o sentido de que, na prática da meditação, chega um momento em que a medula espinhal ou Sushumna começa a subir e descer ao longo da coluna pela força complacente do Fogo de Brahma. Em seguida, a Linga Sharira ou corpo etérico move-se para dentro e, por necessidade, o corpo físico também se move ou vibra. Se, em tal momento, o homem hesita na crença de que é substancialmente uno com Deus, o estudo dos Vedas e dos Shastras não vale nada para ele.

42 Assim como o leite de todas as vacas é da mesma cor, embora as próprias vacas tenham peles diferentes, da mesma forma, no caso de Jiva, os corpos podem ser diferentes, mas em todos o Atma é uno e o mesmo.

43 Comida, sono, medo e desejo sexual, o homem tem em comum com os brutos.

A faculdade de discernir, presente em Buddhi, é a única coisa que o torna homem. Assim, se for despojado desse poder, será igual aos brutos.

44 De manhã, o homem satisfaz as necessidades da vida; ao meio-dia, enche de alimentos o estômago; à noite, cumpre

as solicitações do desejo sexual e depois se rende nos braços de um sono profundo. Assim como os brutos fazem.

45 Centenas de milhões de Jivas e milhares de Nada-Bindus são constantemente absorvidos na Todo-Pureza.

COMENTÁRIO:
Nada, segundo *A Voz do Silêncio*, de Helena Petrovna Blavatsky, é som, voz. Bindu é o ponto onde essa voz termina e é absorvida pelo Absoluto. Bindu, portanto, é o nexo, o ponto que atua como intermediário entre Atma e Manas. Jivas atravessam esse ponto e não retornam mais.

46 Assim, os Mahatmas sabem que a única causa do Moksha (libertação) é a convicção firme do "Eu sou Brahma".

47 Duas palavras escravizam ou libertam os Jivas, respectivamente: a crença no Eu (Ahankara) e do Meu (Mama), que mantêm e prendem os Jivas aqui embaixo; e a crença oposta (Nirmama), que os liberta de toda escravidão.

48 Só quando a mente está livre de toda paixão e desejo é que a ideia de dualidade cessa. Quando surge esse estado de Advaita, pelo qual tudo é sentido em Um e Um em tudo, então habitamos aos pés supremos de Brahma.

COMENTÁRIO:
Ahamkara, como já vimos antes, é a noção do eu separado; Mama significa "meu", ou seja, a falsa crença em

posses, só viáveis em um mundo onde a separatividade reina. Advaita ou percepção não dualista é a percepção do mundo como um todo integrado, sem divisões ou separatividades, que são ilusórias.

48 Assim como um homem gasta em vão suas energias batendo no ar, da mesma forma perde trabalho e tempo quem lê os Vedas e Shastras se, apesar dos estudos, fracassa em perceber o "Eu sou Brahma".

Terceira Estância

1 Inúmeros são os Shastras e muito tempo é necessário para entender seu real significado. A vida é curta e muitos são os obstáculos. Assim, a inteligência só pode entender o verdadeiro significado dos Shastras fazendo como o Hamsa (cisne sagrado), que separa o leite de sua mistura com a água.

2 Os Puranas, os Bharatam, os Vedas e vários outros Shastras, a esposa, os filhos e a família são realmente outros tantos obstáculos no caminho da prática do Yoga.

Comentário:
Tudo aquilo que cria apego ao transitório, para um yogue que já vai adiantado em seu caminho de libertação, trava e retarda o caminho. O homem comum terá muito o que experimentar ainda em seu caminho de possuir e de perder, mas chegará o tempo em que apenas o real e absoluto deverá ser buscado.

3 Se quiseres saber tudo a partir de tua própria experiência e tomar isso como o real saber, então fracassarás no conhecimento do verdadeiro fim dos Shastras, ainda que vivas mais de mil anos.

Comentário:
A trilha é iluminada pelo rastro daqueles que, conhecendo os Tattvas e mergulhando no Absoluto, não retornaram mais sobre seus passos. Ao negar aprender dessa trilha e querer reinventar o saber apenas por meio de seus passos, o homem se condena ao fracasso por incontáveis experiências.

4 Considera que a vida é muito incerta e tenta apenas encontrar o Sat indestrutível. Desdenha a leitura desnecessária dos livros e adora a Verdade.

5 Entre todas as solicitações tentadoras deste mundo, o homem tende com mais concupiscência ao prazer do gosto e ao prazer sexual. Se pudesses superar um e outro, que necessidade terias deste mundo?

6 Rios sagrados são apenas água e os ídolos adorados não são nada além de pedra, metal ou terra. Os yogues nem se banham naqueles nem adoram estes, pois, no íntimo de seu ser, estão os lugares sagrados e a síntese de todos os ídolos.

COMENTÁRIO:

A representação externa de lugares sagrados e imagens é necessária por algum tempo para aqueles que, ainda cegos para a essência de todo o sagrado dentro de si mesmos, projetam-no simbolicamente do lado de fora. Mas essa necessidade há de desaparecer, na medida em que se avança no caminho.

7 O Fogo é o deus dos iniciados, que lhe oferecem sacrifícios; os Munis chamam seu deus de Atma, que reside dentro deles; o vulgo adora imagens; mas os yogues veem Brahma igualmente em todos os lugares: no fogo, no seu ser, nos ídolos e em toda parte.

8 Assim como um homem cego não pode ver o sol que ilumina o mundo inteiro, o cego de compreensão, o cego de espírito não pode perceber a Onipresente e Eterna Paz que cerca todo o universo.

9 Sempre que a mente de quem conhece os Tattwas descansa, ele vê o Paramatma, porque tudo e todas as coisas estão cheias do único Brahma.

10 Assim como é possível observar o céu brilhante e sereno com todo o seu leque de formas, nomes e cores, da mesma forma quem é capaz de realizar a ideia do "Eu sou Brahma", apesar de todas as formas, nomes e cores, só pode ver o Paramatma Eterno.

11 Durante a meditação, o yogue tem de perceber que "Eu sou o universo inteiro" e, dessa forma, com os olhos de seu conhecimento, ele verá Paramatma, a Morada da Suprema Felicidade. Ainda que pense no Akasha e identifique-se com ele, considerará o Paramatma todo--abrangente como o Akasha em si mesmo; porque, desde o Portal de Moksha, a Morada do Nirvana, o Paramatma Eterno reside no coração de todos os Jivas na forma de um Raio de Conhecimento. O Paramatma deve ser reconhecido como Brahmatma pelos yogues que conhecem o Paramatma.

COMENTÁRIO:
Paramatma e Brahmatma são um só. O raio do Conhecimento que nasce da sabedoria e domínio dos Tattvas permite que o yogue o contemple e mergulhe nele.

12 Quem se tornou capaz de se identificar com todo o universo, com o Único Brahma, evita cuidadosamente o desejo de se alimentar de iguarias rudes e não se sujeita às pressões mercantilistas.

COMENTÁRIO:
O homem desperto evita a gula, o atiçar do paladar e a ambição desmesurada dos negócios.

13 Sagrado como Prayaga e Naisnisharanya é o campo do Kuru, que se torna o local onde o yogue pousa por um

segundo e mesmo por meio instante; porque o pensamento de espiritualidade, ainda que por um breve momento, é muito mais eficaz do que um bilhão de sacrifícios.

COMENTÁRIO:

Prayaga pode ser entendido como lugar santo de peregrinação ou como o lugar interno em que os três nadis ou canais, Ida, Pingala e Sushumna, se harmonizam. Naisnisharanya é um dos Divya Desams, os 108 templos de Vishnu reverenciados pelos doze santos poetas ou alvares. Campo do Kuru ou Kurushetra é o local sagrado onde aconteceu a épica batalha descrita no *Bhagavad Gita*. Trata-se de uma reiteração de nomes de locais sagrados para indicar quão santo se torna o local onde pousa um homem puro.

14 O yogue que não considera o universo como nada, mas apenas como o único Brahma, extingue ao mesmo tempo virtude e vício; portanto, não há para ele nem amigo nem inimigo; nem prosperidade nem miséria; nem ganho nem perda; nem bem nem mal; nem honra nem infâmia; nem louvor nem vituperação. Tudo se torna o mesmo para ele.

15 Quando uma capa remendada e com cem buracos for capaz de preservar do calor no verão e do frio no inverno, então as riquezas serão desnecessárias para um homem cujo coração está entregue ao culto de Keshava.

COMENTÁRIO:
Miséria e riqueza são o mesmo, isto é, nada diante dos olhos do sábio.

16 Ó Arjuna! O yogue não deve pensar na manutenção de seu corpo e, embora tal pensamento o apresse, somente de esmolas deve manter o corpo e, com roupas de caridade, abrigá-lo do frio. Pedras e diamantes, as ervas verdes, o arroz grosseiro e todas as coisas deste mundo têm o mesmo valor para o yogue.

17 Ó Arjuna! Aquele que não cobiça bens materiais jamais renasce neste mundo.

– PAZ A TODOS OS SERES

Uttara Gita

Comentários sobre o texto
por Lúcia Helena Galvão

O conhecimento de Brahma e a Unidade

O *Uttara Gita* tem como tema um diálogo entre Arjuna e Krishna, como ocorre no *Bhagavad Gita*. O príncipe Arjuna representa o homem em evolução e Krishna representa a divindade. No *Bhagavad Gita*, há um primeiro diálogo dessa natureza, quando Arjuna, como chefe dos príncipes Pandavas, luta contra os seus primos Kuravas sob a orientação de Krishna.

Trata-se de uma luta simbólica que está acontecendo de fato dentro do homem Arjuna: a eterna disputa da sabedoria contra a ignorância. O príncipe é guiado no combate por Krishna, misterioso personagem que nada mais é do que uma encarnação do Deus Vishnu (seu oitavo avatar).

Ele vai instruindo e mostrando a Arjuna a realidade que há por trás das sombras do mundo, e qual é o verdadeiro sentido dessa guerra.

Terminado o combate, no livro 14 do próprio *Mahabharata* temos sua continuação, o *Anugita*, que vai tratar do que ocorre depois da guerra.

Todo o texto, de reduzida extensão, é um desenvolvimento da resposta dada por Krishna a esse questionamento.

Ele explica a um Arjuna já idoso, que já realizou sua obra sobre a Terra, como ele deve enfrentar agora outra guerra, outra grande prova, que é superar a morte, e realizar essa travessia que gera inconsciência e, na grande maioria dos casos, traz-nos de volta ao mundo (segundo a tradição indiana, que é reencarnacionista).

Arjuna pede ajuda para poder enfrentar este mistério: como não necessitar mais retornar ao mundo? Todo o diálogo gira em torno disso.

Existe outra obra, conhecida como *Dnyaneshwari*, que volta a reunir Arjuna e Krishna. Ela foi escrita por um Mestre (hoje considerado um santo) que se chamava Dnyaneshwar Maharaj. Esse escritor, nascido em torno de 1275 d.C., compôs o belíssimo novo diálogo entre Krishna e Arjuna. O diálogo em questão é citado inclusive por Helena Petrovna

Blavatsky na introdução de seu clásico, *A Voz do Silêncio*, e foi escrito por seu autor quando ele ainda era um adolescente; faleceu aos 21 anos de idade, em 1296 d.C. Trata-se de um personagem que hoje é considerado excepcional pelo alcance e qualidade do que foi capaz de fazer com tão pouco tempo de vida.

O *Uttara Gita* é conhecido como "O Canto da Iniciação". Arjuna é o homem que venceu as provas da vida e agora tem que enfrentar as provas da morte, começando pelo esquecimento da sombra produzida quando o homem está apegado a tudo que vai morrer junto com seu corpo; seus desejos são todos mortais. Assim, a sua consciência é obscurecida, porque ela nada possui que sobreviva à perda do corpo; não há nada a que ela possa se apegar para permanecer desperta quando o corpo voltar à terra, uma vez que todos os seus interesses diziam respeito aos gostos do corpo material.

Então, apresenta-se esta dúvida, este questionamento, que não é só de Arjuna; quem de nós não vive uma grande inquietude diante do transitório? Quem de nós não possui, dentro de si, uma grande fome de eternidade? Arjuna, muito mais preparado que qualquer um de nós, pede a Krishna que esclareça esse mistério.

Existem conhecimentos bastante específicos no *Uttara Gita*, como uma descrição muito interessante dos Nadis, que são os canais de energia do corpo humano; porém, não pretendo me alongar nesse ponto.

A intenção deste pequeno comentário é comunicar algo que seja compreensível e passível de ser vivenciado pelo homem ocidental, sobretudo nos aspectos metafísico e moral. Trabalharemos com um aspecto fundamental do livro: a busca e a conquista da Unidade.

O conhecimento dos Tattvas e o domínio sobre eles

Começaremos falando um pouco a respeito da primeira estância desse livro sagrado, examinando-o com bastante cuidado e carinho. A primeira estância debruça-se sobre a primeira pergunta de Arjuna, que consiste em: "Como conhecer Brahma, que é Uno?", ou seja, como conhecer a Unidade? Nós estamos mergulhados em um mundo de multiplicidades, dualidades e oposições, por todo o tempo e lugar; tudo está dividido. Como faremos para conhecer a Unidade, se dispomos apenas de uma mente prática, concreta, sem capacidade de contemplar o Uno?

Dificilmente a nossa mente poderia entender um Ser que reunisse em si todos os atributos simultaneamente, e esse é Brahma, é o Uno. Para entender, a mente divide e exclui: se isso é pequeno, não pode ser grande; se isso é macio, não pode ser resistente; se isso é redondo, não pode ser quadrado [...] assim, ela vai fragmentando, dividindo, dissecando para perceber.

Por isso, Arjuna pergunta a Krishna: "Como posso entender o Uno? Como posso compreender o próprio Brahma?".

E Krishna lhe fala a respeito dos passos necessários de uma maneira didática. Começa por explicar que, em primeiro lugar, há que conhecer e dominar as qualidades dos cinco elementos da matéria para romper a identidade com ela e encontrar a vida interior, que é igual a Brahma.

Há um princípio da metodologia científica conhecido como *coeteris paribus*, que significa que todos os fatores envolvidos em uma equação devem ser tomados como estáveis para que você tenha uma só variável e possa analisá-la. O que Krishna propõe a Arjuna guarda alguma semelhança com essa ideia: é como se nos recolhêssemos em um ambiente interno, onde não somos incomodados e aonde as vozes do mundo não chegam, com seus apelos. Graças à concentração, construímos uma espécie de "câmara interna" e, dentro dela, começamos a apreciar nossas formas mentais e nossos sentimentos, podendo então contemplar a nossa verdadeira identidade: quem somos, em meio a tudo isso.

A etimologia da palavra "inteligência" indica algo muito parecido: ela vem do latim *intelegere*, que significa *escolher dentre*. Ou seja, dentre os muitos ruídos que interiorizamos, há que discernir quem realmente somos: quais são os nossos pensamentos e sentimentos; qual é a nossa identidade, aquilo que viemos trazer ao mundo; é necessário permanecer no meio daquilo que não somos. Costumo dizer que a maior de todas as demonstrações de inteligência é a posse de nossa legítima identidade.

Quando ouvimos a seguinte orientação: "Domina as qualidades da matéria e rompe a identidade com elas para que seus apelos não te atinjam", é como se ouvíssemos, nas entrelinhas, o imperativo: "Encontra a tua vida interior!". Depois de muito treinar e observar a si própria em suas reflexões mais profundas, um dia essa pessoa perceberá uma natureza muito mais pura e legítima em sua vida interior.

Depois de muito insistir, com perseverança e constância, notará uma identidade que está por trás dos olhos que veem o mundo. Aos 10 anos de idade, os olhos percebem as circunstâncias sob uma ótica; aos 20, a percepção é outra; aos 30, aos 40, nossa avaliação do mundo vai mudando, mas o observador que, lá no fundo, vê essas cenas passarem como na tela de um cinema, é sempre o mesmo: o observador silencioso e permanente que vive dentro de nós.

Quando aprender a localizar o portador dos olhos que veem o tempo passar diante deles e quando encontrar a si próprio, o discípulo conhecerá um pouco de Brahma. Como diz Helena Petrovna Blavatsky de uma maneira muito pertinente "Quem conhece uma gota d'água conhece a natureza do Oceano. Quem conhece um homem conhece a natureza de Deus". Trata-se do mesmo ser, mas o primeiro está limitado pela ilusão do espaço/tempo e o Outro é ilimitado, livre, presente em todas as coisas.

Mas, a partir do momento em que eu conheço a gota de Brahma depositada dentro do recipiente que o mundo grego chamou de personalidade (de *persona*, máscara) e os indianos chamam de Jivatma, posso encontrar Brahma em todos os lugares, ou seja, quando encontro a minha essência divina, posso, por paralelismo, ver a Deus em todas as coisas.

O *Uttara Gita* fornece um curioso exemplo a esse respeito: é como se imaginássemos uma tigela de água retirada de um grande rio. A diferença entre essas duas águas é apenas a tigela, que está isolando uma porção de água do grande fluxo do rio que corre, em seu leito, rumo ao mar. Um dia, essa tigela, objeto passageiro, vai deixar de existir e sua água voltará a pertencer ao mesmo rio.

É preciso encontrar nossa identidade; todavia, não devemos nos basear só na tigela mas igualmente na água que ela contém. Apenas as características da tigela (redonda, quadrada, amarela, azul...) diferenciam-nos, enquanto a água nos irmana, sendo o símbolo da essência profunda, e permite que notemos nosso parentesco com a identidade de todo o Universo.

O *Uttara Gita* propõe-se a lançar luz exatamente sobre esse aparente paradoxo da identidade humana. Ele esclarece que é função da consciência descobrir a imortal essência dentro de cada um e de cada coisa: isso é o Supremo Conhecimento.

A barca e o desapego

Esse clássico é muito incisivo em suas críticas ao mero conhecimento intelectual, que é horizontal, quantitativo; muitas frases são ditas nesse sentido. Enquanto não conquistarmos a dimensão vertical, o intenso, mas possuirmos apenas a horizontal, o extenso, não teremos a condição necessária para descer ao mais profundo, dentro de nós, nem para tocar o mais elevado dos céus. Não transcendemos a mera informação quantitativa; não somos formados nem transformados, o que é extremamente necessário.

O *Uttara Gita* pretende, enfim, demonstrar que o verdadeiro conhecimento é exatamente isto: a descoberta da essência imortal, a descoberta da água dentro da simbólica tigela. A água idêntica aos rios, aos lagos e ao próprio Oceano.

Krishna ensina que o "domínio do pensamento objetivo" é uma das coisas mais importantes a se obter; mas o que significa isso? Significa assumir o controle sobre aquilo que pensamos. Trata-se de uma tarefa bastante complicada para pessoas como nós, que não foram educadas para isso e sempre acharam que o pensamento é a sua verdadeira identidade e que, portanto, reprimi-lo seria reprimir a si próprio. Pensando dessa forma, quando chegamos à idade adulta, vivemos uma grande angústia, pois não conseguimos nos concentrar em quase nada, já que esse hábito não foi adquirido. O pensamento gira o tempo todo em torno de mil coisas e o homem não consegue tomar as suas rédeas, não consegue elevá-lo. Toda a sua energia mental é gasta pensando em coisas triviais ou, ainda pior, vulgares ou odiosas.

Em qualquer idade, pode-se começar o treinamento de tomar as rédeas de nosso próprio pensamento, pois ele é como um "raio laser" que, concentrado, nos permite vencer a resistência da superfície e alcançar o mais profundo de todas as coisas e todos os seres. Se, porém, estamos sempre dispersos, não possuímos esse *"laser"*, mas apenas uma luz que se espalha em todas as direções, sem foco e sem força. Há que poder concentrar a atenção em um único ponto para que ela possa avançar até o coração de cada coisa.

A possibilidade de treinar a própria mente com exercícios de concentração e o cultivo do hábito da reflexão é um dos elementos que são tratados com muita seriedade nessa obra. Há que entender que a "negação das condições de vida material" não significa a negação da vida em si. Quando reservo um tempo para um diálogo com a minha alma (Platão chamava essa atividade de "divinos ócios"), eu me preparo para ir ao mundo sem perder a mim mesmo. Esse treino garante que eu seja capaz de conhecer todas as artimanhas usadas pelo mundo material a fim de me chamar para fora e que eu seja capaz de dizer "não!"

Quando consigo controlar as chamadas do mundo, isso significa que conheço as ferramentas do mundo, conheço os

Tattvas, os elementos do mundo, e sei o que ele faz para me prender, para me atrair. Trata-se de um ensinamento eminentemente prático e especialmente necessário em nossos dias. É muito comum que, quando começamos a fazer um estudo mais aprofundado com vistas a entender e assimilar algo importante, sentimos sede, fome, sono, uma irresistível curiosidade por ver o que está acontecendo na rua ou somos atingidos pela lembrança de uma variedade de fatos do passado que acreditávamos esquecidos.

Esses são os Tattvas, os elementos e princípios do mundo com suas chamadas imperativas, que nos impedem de alcançar algum ponto fundamental para o crescimento humano; é necessário conhecê-los para dominá-los. É como se houvesse uma série de provas a serem superadas. Estamos totalmente à mercê desses Tattvas, somos um joguete na mão desses veículos com suas circunstâncias que nos atraem para lá e para cá e não nos deixam ir para o único lugar aonde é essencial chegar: para dentro. Puxam para todas as direções, para as polaridades, alternando paixões e rejeições.

Então, quando resolvemos parar de jogar e concentramo-nos para encontrar esse ponto interno, a artilharia é sempre pesada. Se não aprendermos a lidar com esses fatores, se não soubermos dizer "não" e sustentar essa resposta, teremos dificuldades. Mas é assim que tudo começa; é preciso não desistir e abandonar o caminho. Com perseverança, amanhã conseguiremos 30 segundos de boa concentração; depois de amanhã, 35; ótimo!

É como a ginástica para uma pessoa que sempre esteve ociosa: formar musculatura demora e exige perseverança e constância. Mas temos de saber brindar a cada pequena conquista. Hoje, conquistamos 10 segundos de concentração... excelente! É necessário ter paciência consigo mesmo; trata-se de um treinamento que cobra seu tempo. Quem saiu da total ociosidade e começou a treinar algum tipo de disciplina física sabe que não é fácil avançar.

Em seguida, a obra diz: "Conquistemos o domínio do pensamento objetivo e a negação das condições de vida material". Isso permite chegar a Samadhi, um estado de supraconsciência muito além da consciência cotidiana e banal; estado esse que, quando se concentra na observação de um ponto, busca entender a Unidade, busca entender o Espírito.

O estado de Samadhi é uma consciência tão elevada que "observador" e "coisa observada" fundem-se em um só Ser. É como se eu quisesse entender um quadro diante de mim; ao olhar para ele de fora, vejo apenas sua relação comigo e com meus interesses. Ao vê-lo a partir dele próprio, como se eu me tornasse ele, começo a sentir o desconforto do pó que se acumula sobre mim e a angústia de não ser percebido ou tratado como gostaria. Um dos mistérios a serem conquistados é a capacidade de ver o outro por meio dele mesmo, que é o ápice do conceito de empatia. Ou seja, Samadhi, em certa medida, vence a heresia da separatividade. Percebemos a nós e ao outro como um só, como duas células de Deus e da Unidade que se agregaram e formaram uma única molécula. Trata-se aqui de uma supraconsciência que pode penetrar profundamente no coração das coisas e recuperar a unidade na multiplicidade.

Muitos dos livros que tenho abordado em minhas leituras comentadas foram escolhidos a partir de uma observação dessa natureza; era lamentável ver, por exemplo, a situação da obra *O Profeta*, de Khalil Gibran, pois muitos já a tinham lido, mas poucos a haviam compreendido de fato. Em suas justificativas, diziam: "O livro é belo, mas muito complexo". Não creio, não considero *O Profeta* um livro complexo; o que falta é uma predisposição do leitor para, ao encontrar uma dificuldade naquilo que lê, dizer a si próprio: "Vou me dedicar a isso e vou me aprofundar em mim mesmo para encontrar a profundidade desta obra. Se eu não mergulhar em mim mesmo, não terei chances de acessar a profundidade contida nela e em todas as coisas".

Como diziam os alquimistas medievais, a operação alquímica que transforma o chumbo em ouro não pode acontecer apenas dentro do cadinho levado ao *atanor*, o forno alquímico: ela tem que estar acontecendo dentro do próprio alquimista. Se as coisas não acontecem nos dois mundos, não acontecem em lugar algum. Por isso, diz-se que pouquíssimos logravam sucesso na arte alquímica. Uma pessoa que tem o hábito da reflexão, que tem o ânimo de aprendiz, que é um curioso acerca dos mistérios da vida, insiste na compreensão de algo até que as portas se abram.

Considero preocupante a inércia que as pessoas têm em relação a tudo aquilo que é profundo. Penso que é um bom trabalho explicar e simplificar o conhecimento, para incentivar alguém a dar o próximo passo. Mas há que haver um esforço pessoal por parte do leitor, como dizia a própria Helena Petrovna Blavatsky, quando redige a introdução de uma obra escrita com a finalidade de facilitar a compreensão de suas próprias outras obras. Na ocasião, ela afirma algo que poderíamos traduzir como: "Veja, o Karma do desenvolvimento mental também é um mérito que exige esforço!".

O *Uttara Gita* esclarece que, quando consegue chegar ao Samadhi, o homem planta dentro do coração o objeto do seu conhecimento, ou seja, sua consciência se ilumina e ele pode ver melhor. Trata-se de um estado de supraconsciência que, em nosso caso, como ainda estamos longe de alcançar um estado tal como o Samadhi, é ainda uma possibilidade distante. Mas "[...] tudo que há em cima há embaixo", como diz o *Caibalion*; nós podemos sim lograr um pouco mais de luz por meio de uma boa concentração. Parte do conhecimento passa a viver no coração do homem quando ele alcança o Samadhi, ou seja, percebe que o Cosmos estava latente em seu coração, resumido nele; sempre esteve, mas agora iluminou essa realidade. Aquilo que ele buscava entender não é mais simplesmente uma compreensão intelectual; é um pedaço de sua identidade. Assim são *O Profeta*, o *Uttara Gita*, o *Bhagavad Gita* e tantos outros, quando o homem os encontra dentro de si. Se não o fizesse, não os teria compreendido.

Duvido que alguém logre encontrar uma pessoa que seja profunda na compreensão de alguma coisa e superficial em relação à compreensão de si mesma; é uma questão de paralelismo. Então, deve-se lançar luz fora e dentro ao mesmo tempo. Quanto mais dentro, mais fora.

"Para cruzar a corrente de um rio, necessita-se da barca, mas, quando se chega à outra margem, a barca já não é necessária." Esta, no livro, é uma introdução ao raciocínio que irá ser desenvolvido adiante. E mais esta: "Como o lavrador lança fora a casca ao semear o grão na terra, o homem criterioso lança para trás o estudo dos livros quando adquire o conhecimento deles". E ainda: "*Os Vedas* são desnecessários ao homem que já conhece a Divindade Suprema". Veja bem que estamos falando de *Os Vedas*, os livros mais sagrados para a tradição hindu. Quando o homem atinge o coração das coisas, os veículos que o levaram até ali já não são necessários; do outro lado do rio, a barca já não é mais necessária; não faz sentido continuar a levando às costas.

O que se apresenta ao leitor é uma importante percepção segundo a qual o processo intelectual de conhecimento das coisas, o processo que conhece apenas a letra, sua forma externa, não adquire nada de permanente: quando se chega à essência, a forma já não é mais necessária. Não seria correto que um homem dissesse de si mesmo "Eu conheço!", simplesmente por ter lido vários livros, mas pelo quanto desses livros ele tornou parte do próprio coração, pelo quanto da essência desses livros despertou nele o conhecimento da própria essência, por quanta luz extraiu deles para dentro de si e, consequentemente, para o mundo, por meio de sua leitura. Caso contrário, é simplesmente um homem que tem uma barca e nunca vai querer abrir mão dela, porque é tudo que ele tem. Se ele não se tornou um bom viajante, se não aprendeu a cruzar rios, ele só tem a barca e está preso a ela.

Para qualquer pergunta que fizer a esse homem, um acumulador de informações e não um homem bem formado, vai obter como resposta: "Mas eu li tantos livros!". E se perguntar também: "Mas o que você vivenciou dessa leitura que logrou transformar a sua vida? O que isso trouxe à tona em você, fazendo com que se convertesse em um ser mais completo?", obterá evasivas ou a repetição da mesma alegação inicial. O conhecimento acumulado dessa forma torna-se mais um impedimento para a evolução do homem do que propriamente uma ajuda, pois toda tentativa de autoconhecimento e autodomínio esbarrará em uma milícia de vaidade entrincheirada em títulos e quantidades, e será difícil atravessá-la.

A obra de que tratamos dirá mais à frente: "Três vezes ditoso é o yogue que aplacou sua sede com o néctar do conhecimento. Não mais estará sujeito ao Karma e chegará a ser conhecedor dos Tattvas".

Segundo nossa mentalidade ocidental, o Karma é um castigo pelos erros que cometemos, quando, na verdade, o Karma não é punitivo e sim educativo. Ele faz com que o homem sofra para que possa abrir mão da sua ignorância. A partir do momento em que já ocorreu compreensão e superação, não há mais razão para que o Karma continue nos pressionando; é aquilo que se chama de "redenção kármica" pelo aprendizado. Se não há mais nada para aprender e o grande educador que é o Karma já deu sua instrução e o seu discípulo já está desperto, o Karma cessa de atuar nesse caso.

Pranava: a devoção libertadora

"O real significado dos Vedas é compreendido por quem reconhece o inefável Pranava como o incessante som do grande címbalo." Vamos esclarecer um pouco essa frase: Pranava é um tipo de louvor ou ato devocional, um louvor em reconhecimento ao Divino.

A partir do momento em que o homem entende o significado de *Os Vedas*, a partir do momento em que ele compreende a essência das coisas, quando se torna um bom conhecedor, ele percebe esse som constante do címbalo que soa no Universo. Percebe o som que se expressa por meio de todos os seus veículos, todos os seus instrumentos terrestres; nota que, por trás de todas as vozes, daquelas que são realmente vozes e não meros ruídos, há uma única voz expressando o Pranava, que é o louvor. Coloca-se diante do mistério que ainda está por ser percebido e, de tanto acreditar que existe uma Unidade falando várias línguas por várias bocas, chega a entender essa língua, chega a ouvi-la. Então, esse ser humano absorveu a essência dos Vedas, de todo o Conhecimento.

Eu tive uma experiência simples, mas interessante, alguns anos atrás, que me parece conter algum traço de semelhança com esse ensinamento e que relato na honesta intenção de que seja útil. Como sempre acontece com as histórias que narro, são pequenas experiências muito básicas, porque filósofos do nosso porte possuem apenas isso, pequenas experiências, mas gosto de compartilhá-las para mostrar que a percepção de certos segredos da natureza é algo perfeitamente vivenciável por qualquer um de nós

Existe um filósofo de que gosto bastante, N. Sri Ram, que cita, em uma passagem de seu livro *Em Busca da Sabedoria*, a seguinte frase: "Um homem que percebe ou que pelo menos se predispõe a perceber que existe a eternidade, a unidade por trás da multiplicidade, em qualquer momento do tempo em que ele se concentre, poderá abrir uma fresta no tempo e vislumbrar a eternidade, por um segundo que seja". Essa experiência, quando vivida, gera uma compreensão que nos poupa de sermos joguetes na mão das armadilhas do tempo, na mão das coisas transitórias, que é o principal fator de sofrimento do homem. Compreendemos o quanto as coisas são passageiras, tanto as coisas que amamos quanto aquilo que somos, fisicamente falando. Mas, primeiro, é preciso dar um voto de confiança para a eternidade e concentrar-se no tempo, para ver onde se abre a fresta.

Recordo-me de quando ganhei um belo CD, que ainda guardo comigo, de Palestrina, músico renascentista muito talentoso. Comecei, então, a ouvir a *Missa Brevis* em um cômodo do apartamento em que morava, na época: uma quadra residencial de Brasília, bem movimentada; na rua, passava um rapaz gritando: "Olha a pamonha!". Tinha chovido na noite anterior e os carros transitavam com os pneus produzindo aquele barulho peculiar de quem atravessa uma rua molhada, além daquele solavanco do quebra-molas; havia também os ruídos de pessoas conversando lá embaixo, e das crianças correndo e gritando.

Por alguns instantes, certamente porque eu estava bastante atenta e concentrada, comecei a perceber a música de Palestrina em todos os seus detalhes; caminhei para dentro dela e me senti como se fosse uma espécie de "*paparazzi* do mundo dos anjos", observando-os reunidos, ignorando--me totalmente, e temerosa por saber que talvez fosse posta para fora ao ser notada. De repente, os ruídos da rua foram chegando e misturando-se à música daquele coro, numa perfeita harmonia, sem que nada destoasse ou ficasse de fora. Tudo estava na música de Palestrina, como se ela tivesse se expandido infinitamente, e até o som do vendedor gritando harmonizava-se muito bem com a voz de um daqueles anjos cantores. Os ruídos dos carros na rua, da água vibrando com a passagem dos pneus do carro, tudo aquilo se somava perfeitamente às vozes das pessoas, à buzina de um carro distante [...]. Tudo foi entrando e sendo absorvido pela música, absorvido de tal maneira que coube lá dentro de forma perfeita, como se tivesse nascido para estar ali. Repentinamente, despertei do meu pequeno delírio com uma percepção do Todo que jamais me abandonou.

Existe um estado de consciência que é como essa música de Palestrina, que amplifica nossa visão de tal forma que tudo cabe ali dentro, sem nenhuma desarmonia. Trata-se de uma experiência simples, passível de ser vivenciada por qualquer um, contanto que tome isso como possibilidade e queira ver esse outro aspecto da vida. Porém, nós estamos interessados em tantas outras coisas, queremos estar tão atualizados com as novidades banais do dia que experiências como essa permanecem à margem dos nossos interesses.

Será mesmo possível abrir essa fresta no tempo e perceber um ponto onde as coisas todas se unem? Se olharmos a natureza e encantarmo-nos com o alvoroço daqueles passarinhos matinais, como se algo extraordinário estivesse ocorrendo, que é o nascer do sol, coisa que, quando semiadormecidos, não notamos; se observarmos as folhas úmidas de orvalho vibrando e todo um conjunto de ruídos da aurora, então, concentrando-nos neles, talvez cheguemos a notar que aquilo é meramente um acompanhamento orquestral para uma voz, uma Voz-Solo que está por trás de tudo isso, mas que ainda não habilitamos nossos ouvidos a captar. Porém, percebemos que esse acompanhamento está muito bem afinado, que ele se integra, que não existe nenhuma dissonância: quando um pássaro pia, quando as árvores se sacodem, quando o galo canta, é como se fosse um coro bem ensaiado para o apoio de uma *Voz*, para a "Canção da Vida", como diz a *Luz no Caminho*. Quem sabe os pássaros e as árvores já a ouvem e, se a gente se esforçar um pouquinho, pode chegar a ouvir também?

Temos que saber parar, buscar e perceber, mas, antes de qualquer coisa, devemos dar um voto de confiança para a realidade de tudo isso, do contrário a nossa mente prática e concreta vai dizer: "Isso é loucura!" e fechará nossos olhos e ouvidos. É uma boa experiência, que no mínimo proporciona um excelente relaxamento matinal.

A fricção entre os Aranis e Pranava

Na primeira estância do *Uttara Gita*, no Canto Um, há uma frase bastante bela: "Quem faz de seu próprio Atma um Arani e de Pranava faz outro Arani, friccionando-os muito constantemente, logo vê o fogo; do mesmo modo, surge o fogo oculto dentro do Arani".

Atma, para a tradição hindu, é aquilo que temos de mais divino, de mais sublime, e Pranava é a percepção devocional, a inclinação a perceber o Uno. É como se tomássemos o Divino que há dentro de nós, com o pouco de consciência que possuímos sobre Ele, por meio de nossas virtudes mais elevadas, nossos pensamentos mais nobres e sentimentos mais puros, e começássemos a "friccioná-lo" dispostos a ver o Divino como um todo, a ver Deus em todas as coisas; dizem que, em determinado momento, isso vai provocar o Fogo, que é conhecimento puro, do mesmo modo que a os dois Arani, pedaços de madeira, são usados para gerar o Fogo Sagrado, na Índia. Em resumo, devemos saber dominar as influências do meio, mergulhar dentro de nós mesmos, encontrar um pouco da nossa identidade e, em determinado momento, usando-a como um canal, encontrar um pouco da unidade no Universo. Caminhamos na direção de que essa unidade interna e o Todo se tornem um só, o que deve ocorrer um dia.

"Você está falando da ação de um grande sábio." Claro, esse texto sagrado é destinado a grandes sábios, que se dedicam uma vida inteira, mas lembrem-se: o que há em cima, há embaixo; no nosso nível, isso também é aplicável.

Deveríamos tentar encontrar nossa identidade mais elevada e profunda e, ao mesmo tempo, gerar um louvor silencioso a toda harmonia que vemos à nossa volta, como se nos inclinássemos diante de nosso meio e quiséssemos ver o que há além. Em determinado momento, essas duas coisas se conectam e, então, pode-se dizer: "Começa o processo de Sabedoria, começam a abrir-se os canais".

Contraste gera consciência, diz a chamada "Teoria do Impacto". Quando nós temos os dois Aranis, os dois pedaços de madeira que se roçam e despertam a consciência, ou seja, se temos a percepção de Deus no todo e a percepção de Deus em nós, essas madeiras geram o Fogo.

Podemos perceber que a imagem das duas madeiras, dos dois Aranis entrecruzados, friccionando-se um no outro, fazendo nascer o menino divino, é muito presente na Índia. Assim nasce Agni, deus do Fogo: dois lenhos cruzados que fazem nascer o divino, que representa, entre muitos outros simbolismos, o nascimento do menino-Deus em nós; trata-se de uma imagem mítica que vem de muito longe.

Outra frase, ainda do Capítulo Um: "Enquanto o homem não vê, em seu interior, a sublime forma, mais pura que a própria pureza, deve prosseguir em suas meditações, fixando seus pensamentos naquela forma". Ou seja, enquanto não percebermos dentro de nós uma forma que é mais pura do que a própria pureza, devemos continuar buscando, porque, por definição, ela está aí.

É interessante notar que o texto diz: "Imagine essa forma". Trata-se ainda de uma ideia a ser encontrada dentro do nosso corpo e da nossa mente. É preciso acreditar que ela existe; isso lembra o que falamos sobre o Pranava: há que presumir que essa forma está em nós, imaginar como ela é e trabalhar para vê-la, utilizando imaginação e vontade juntas.

Não é à toa que o filósofo Platão recomendava que todos tivessem uma espécie de "herói de estimação" na mente, para que imaginássemos a maior perfeição que um ser humano possa alcançar e, depois, lutássemos para encontrá-la dentro de nós. Aquele que não cultiva a memória dos heróis tende a cultivar modelos retirados da moda vigente em seu tempo, porque precisamos ter modelos para a construção de nós mesmos. Como dizia o filósofo Epiteto em suas máximas: "As sementes de grandeza no homem necessitam de uma imagem para florescer e germinar". Muitas vezes, ao buscar essa imagem em nosso tempo histórico, em nossos líderes contemporâneos, só encontramos modelos banais, vulgares e até grotescos.

Então, há a necessidade de trabalhar com a imaginação e a vontade, de imaginar algo como um diamante puro, bruto, resistente, que nada pode afetar, habitando dentro de nós, e de fixar essa visão como vontade, como meta. É lógico que os atributos divinos estão presentes em toda a criação; por que não dentro de nós?

Tudo no Uno e o Uno em Tudo

"Assim, o Jivatma que penetra o Universo inteiro existe também no corpo. Assim, o Atma, morador das cavernas de Manu, invisível e invislumbrável, chega a ser seu próprio manifestador e difunde-se pelo Akasha do coração humano."

O Atma, que é a essência divina em nós, preso nas "cavernas de Manu", que é o mundo manifestado com as suas ilusões, em determinado momento apresenta-se a nós, surge diante dos olhos da nossa consciência e, a partir daí, o homem pode começar a perceber a presença de Deus em tudo. Só conseguiremos isso quando a sabedoria revelar Deus em nós, em nosso Akasha ou espaço interior; então, poderemos vê-lo em todas as coisas.

"Quem, depois de purificar a mente, contempla o puro Paramatman e olha para o interior de seu próprio Ser como vasto e indiviso conjunto do Universo manifestado, chega a ser feliz pelo conhecimento de Brahma."

Podemos perceber a nós mesmos como uma célula perfeita do Uno, como a gota d'água que se descobre como uma parte perfeita do oceano. Somos capazes de perceber essa identidade entre o "eu individual" e o "grande eu", sem limites, e constatar que são da mesma natureza.

Nosso pensamento se ocupa, na maior parte do tempo, com aquilo de que gostamos ou de que somos induzidos a gostar; não é habitual essa busca por elevar a consciência; ela vive gravitando em regiões muito "baixas", e não só por uma tendência nossa ou pela falta de educação e formação necessária. Temos, sim, essas deficiências, mas também vivemos em um momento em que a chamada "cultura" as incentiva.

Às vezes, podemos despertar pela manhã e sentir isso em nós, como se fosse uma espécie de "intoxicação", pois vivemos cercados de um bombardeio tão grande de informações que, por mais que fujamos delas, parecem nos perseguir em todos os lugares, todas com o mesmo teor agressivo, vulgar e violento. Há determinado momento em que parecemos já não possuir mais domínio de nossa mente, que só consegue olhar para "baixo". Adquire-se um vício mórbido e só se consegue olhar para o lixo, para a violência; quando se tenta elevar a consciência, ela de certa maneira rechaça tudo o que é puro e elevado.

Nas relações sociais, vemos o claro reflexo disso: se falamos de um defeito nosso para alguém, essa pessoa sorri, acha divertido e, muitas vezes, diz: "Eu também sou assim, também tenho isso, é a vida, é normal...". Mas, quando tentamos falar de uma pequena virtude que estamos cultivando, as pessoas apresentam um ar enfadado e replicam: "Como você é vaidoso!", "Que arrogância!", "Pensa ser melhor que os outros?". Ou seja, é quase proibitivo falar do luminoso; mas, para o sombrio, o campo sempre estará aberto.

Como elevar a nossa consciência se nossos hábitos cultivam a tendência à queda? Existe como que uma "Teoria da

Gravidade dos Planos Psicológicos" atuando fortemente: os gostos e hábitos sociais cultivam sempre a precipitação para o mais baixo possível.

Há que estar atento em relação a algumas armadilhas do momento em que vivemos. Por exemplo, quantas vezes as pessoas nos perguntam: "Você é uma pessoa bem informada?", querendo dizer, de fato: "Você consome tudo o que os meios de comunicação oferecem?". Temos que assimilar a ideia de que o importante para nós é aquilo que, de alguma forma, é relevante, ou porque eu posso interferir para ajudar ou porque eu posso aprender algo para crescer como ser humano. Não me interessam detalhes de algo vulgar e mórbido que já aconteceu e a respeito do qual eu não posso fazer nada, e cujo conhecimento pormenorizado só vai contaminar a minha mente. Se todos os seres resolverem exalar o pior de si, eu me recuso a receber isso na minha mente e, consequentemente, na minha vida.

Percebam que o chamado "bem informado", nos dias de hoje, passa a ser quase uma armadilha para fazer com que olhemos permanentemente para o lixo: "Ah, se eu deixar de ler o jornal de hoje, não saberei o que aconteceu na política ou na sociedade!". Chamo a atenção para um capítulo do livro *Memórias Póstumas de Brás Cubas*, de Machado de Assis – um escritor/filósofo da maior relevância –, que se chama: *O Velho Diálogo Entre Adão e Eva*. Trata-se de uma conversa entre Brás Cubas e a mulher da sua vida, Virgília. Como se trata do previsível diálogo entre apaixonados, todo o capítulo é feito com reticências:

Brás Cubas: "— ....?"
Virgília: "— ....!"

E por aí vai, com infinitas frases pontilhadas, cujo teor conhecemos fartamente. É mais que óbvio o que está sendo dito entre eles: preencha esses "espaços" do jeito que você quiser.

O que percebo é que grande parte das notícias veiculadas nas manchetes do Brasil e do mundo todo estão ficando parecidas com *O Velho Diálogo Entre Adão e Eva*: previsíveis. Temos um jogo de inocências alegadas e acusações mútuas interminável, junto com promessas e palavras grandiloquentes, embora pouco originais, e uma constatação do que poderia ter sido feito e não foi que esmiúça o passado sem nada de interessante a dizer sobre o futuro. É preciso saber o que é realmente válido acessar, neste mundo, com a prudência e cuidado próprios de alguém que escolhe criteriosamente, em um mercado, o que servirá para se transformar em seu alimento.

Mas, se eu o chamasse para se sentar comigo em um banco a fim de discutirmos se a Unidade cabe ou não dentro da *Missa Brevis* de Palestrina, você teria tempo e interesse para dedicar a isso? E se o tema fosse a busca de formas para vencer essas barreiras que nos prendem, que puxam a nossa consciência para baixo, você se sentiria bem informado porque se dedica a esse assunto?

Cuidado com o grande blefe do homem "bem informado", que acaba por fazer com que a nossa consciência fique totalmente impregnada de banalidades que possuem um ar de "coisa importante", mas que, de fato, não importam nem alteram a situação humana em absolutamente nada.

Importa sempre aquilo que, de alguma maneira, possa me trazer uma boa reflexão e crescimento, ou seja, algo que seja relevante no sentido de que seu aprendizado me permitiu entender e responder melhor à vida.

"Aonde vão as virtudes e os vícios do homem, e a quem acompanham, quando o homem morre?", pergunta Arjuna. É como indagar: "E tudo isso que eu construí e que não construí, as virtudes conquistadas, os vícios que não consegui debelar, para onde vai tudo isso, com a minha morte?". E Krishna responde: "[...] Acompanham a Jiva (Espírito individual), enquanto este permanece na ignorância dos Tattvas (princípios da realidade)".

Enquanto o homem não tem um conhecimento das coisas do mundo manifestado com suas características e leis, não ignora os apelos mundanos e não consegue superá-los para alcançar a visão do mundo espiritual, ao alcançar a morte, não consegue enxergar quase nada, pois a visão espiritual é mérito a ser conquistado. Quando a consciência se afasta do mundo material ao deixar o corpo, uma vez que ela só via através desse corpo, vai para outro plano onde não reconhece nada; é como se estivesse adormecida, segundo essa tradição: seus defeitos e virtudes ficam agregados a essa consciência adormecida – como a Branca de Neve velada por seus anõezinhos –, esperando que ela desperte novamente para continuar caminhando na direção de harmonizar tudo isso, dentro e fora. Ela só desperta no mundo material, pois não sabe como despertar no plano espiritual, uma vez que, em vida, não conseguiu ver nesse plano; ainda precisa caminhar mais pela Terra. Essa é a resposta de Krishna.

"Ninguém pode conhecer Brahma se não chega a ser tão puro como o próprio Brahma." Ou seja, a não ser que encontre, dentro de si, algo que seja tão puro, que lhe dê uma paz de espírito tão profunda a ponto de poder dizer: "Eu sou isso, eu sou Brahma".

Portanto, não há nada nem ninguém que possa me roubar ou doar coisa alguma; não há razão para correr, não há razão para estar ansioso. Há que simplesmente revelar essa natureza ao mundo: só viemos à Terra para isso. E o tempo nada mais é do que uma oportunidade atrás da outra de conquistar essa natureza e, depois, revelá-la ao mundo. A vida fica extremamente simples e um estado de paz de espírito que ninguém pode alterar é encontrado; esse é o momento de realização suprema do ser humano.

Há uma frase do livro *Luz no Caminho* que diz o seguinte: "Mantém-te só e isolado, pois nada que não seja eterno pode vir ao teu encontro". Chega um momento em que temos que fazer isto: criar uma "cápsula" onde nos manteremos sós e isolados para que nada que não seja eterno possa nos afetar: uma cápsula de consciência. Então, das coisas que se aproximarem de nós, apenas aquelas que forem como a beleza, a bondade, a verdade e a justiça, isto é, eternas, serão úteis para nos encontrarmos; banalidades não poderão entrar nessa cápsula. "Então, estou condenado a viver eternamente só e isolado?" Não, nós viemos ao mundo para poder distribuir os dons humanos que recebemos; mas primeiro precisamos encontrá-los, ou melhor, fazer as duas coisas ao mesmo tempo: uma gota que já foi encontrada deve ser compartilhada à medida que avanço, pois o caminho é longo e a sede daqueles que o percorrem é grande.

Recordo-me de uma experiência bastante peculiar vivida por mim, numa ocasião em que uma antiga amiga me pediu para escrever algumas palavras que ela pudesse presentear a um jovem que estava agonizante, em seus últimos dias, em seus últimos momentos de vida. Escrever essa pequena carta, esse pequeno bilhete de três parágrafos, foi uma experiência filosófica muito difícil, mas, ao mesmo tempo, riquíssima. Pareceu-me claro que a única coisa capaz de trazer consolo a um homem numa circunstância como essa seria uma gota de eternidade. Se você não a tem, pois não a conquistou, há pouco a fazer ou dizer. E quando somos obrigados a encontrar a eternidade dentro de nossa vida, começamos a nos perguntar: "O verdadeiro Amor é eterno?". "Sim." "O Bem é eterno?" "Sim." "A Fraternidade é eterna?" "Sim." Mas quanto de verdadeiro Bem, de verdadeiro Amor e de verdadeira Fraternidade alcançamos em nossa vida?

Quando direcionamos a memória para nossas experiências de vida, podemos constatar o quanto nossas motivações estiveram equivocadas. Há tanto desejo de ser reconhecido pelo outro ou por Deus, tanta ânsia de quitar algumas dívidas de erros do passado por puro egoísmo e nos livrarmos da responsabilidade por aquilo que fizemos ou deixamos de fazer [...]. Tudo muito contaminado por interesses mesquinhos, enquanto o verdadeiro Bem, aquele que é praticado apenas pelo que somos, escasseia bastante.

Se encontrarmos essa joia em nós, nem o tempo nem a morte poderão levá-la; isso nos dá a tranquilidade de alguém que possui um chão firme sob os pés. Então, procurar elementos de eternidade dentro do homem, mesmo sem encontrá-los, é uma boa missão, pois ainda há tempo para começar a construir. Se vivemos um momento de amor legítimo, foi o nosso verdadeiro "Eu" que o viveu; se experimentamos um momento de bondade legítima, foi o nosso verdadeiro "Eu" que o experimentou; isso nos permite entesourar eternidade e poder oferecê-la a quem dela necessite.

conclusão

Para concluir, devemos concordar que o *Uttara Gita* faz uma chamada muito forte para o despertar da consciência humana sobre temas como: "O que viemos fazer aqui?", "O que devemos saber?", "Para onde caminha a nossa vida?" ou "Para onde deveria caminhar a nossa vida?" e convence-nos da possibilidade de encontrarmos as respostas.

Um antigo tratado com verdades ainda tão novas é uma inquietante revelação para aqueles que foram convidados pelas convenções do seu meio a flutuarem sobre a vida como seus usuários e não como seus partícipes conscientes ou conhecedores. Se há inquietude, então chegou o momento de romper com essa espécie de redoma de alienação e mera sobrevivência.

Trata-se, portanto, de um contundente convite, que aguarda milenarmente pela nossa resposta.

Sugestões de leitura adicional

Obviamente, o conhecimento mais íntimo da literatura indiana aprofunda a posssibilidade de compreensão de tudo o que aqui é tratado. Os Itihasas ou épicos sagrados, como O *Mahabharata* e *O Ramayana*, são uma leitura especialmente indicada, pois, de forma narrativa e envolvente, colocam-nos no cerne da visão de mundo sagrada do hinduísmo.

Para uma literatura de cunho mais ocidental, recomendo a obra da filósofa russa do século XIX, Helena Petrovna Blavatsky, que se voltou para as questões metafísicas indianas com imensa dedicação e atenção. Seu livro póstumo, o *Glossário Teosófico*, traz, em seus verbetes, esclarecimento útil para muitas ideias importantes. Por último, reputo altamente recomendável o trabalho do estudioso Heinrich Zimmer, em sua obra *Filosofias da Índia*, que colocará o leitor ocidental no cerne desse painel tão requintado e rico que é a metafísica hinduísta.

referências bibliográficas

BLAVATSKY, Helena Petrovna. *Glossário Teosófico*. 5ª ed., São Paulo, Ed. Ground, 2004.

BLAVATSKY, Helena Petrovna. *A Voz do Silêncio*. São Paulo, Ed. Pensamento, 2010.

COLLINS, Mabel. *Luz no Caminho*. 5ª ed, São Paulo, Ed. Teosófica, 2018.

RAM, N. Sri. *Em Busca da Sabedoria*. São Paulo, Ed. Pensamento, 1991.

SILVA, Maria Ferreira da. *A Escrita Perfeita*: Pequeno Dicionário de Sânscrito Comentado. Lisboa, Pub. Maitreya, 2015.

ZIMMERMAN, Heinrich. *Filosofias da Índia*. 5ª ed, São Paulo, Palas Athena, 1986.

_____. *Bhagavad Gita*, a Mensagem do Mestre. São Paulo, Ed. Pensamento, 2007.

_____. *O Mahabharata*. Tradução de William Buck. São Paulo, Ed. Cultrix, 2014

_____. *O Ramayana*. Tradução de William Buck. São Paulo, Ed. Cultrix, 2017.